MINISTÈRE DE LA GUERRE

RÈGLEMENT PROVISOIRE
DE MANŒUVRE
DE
L'ARTILLERIE DE MONTAGNE

APPROUVÉ PAR LE MINISTRE DE LA GUERRE
LE 14 NOVEMBRE 1912

TITRE I
BASES GÉNÉRALES DE L'INSTRUCTION

TITRE II
INSTRUCTION A PIED

PARIS
HENRI CHARLES-LAVAUZELLE
Éditeur militaire
124, Boulevard Saint-Germain, 124

(MÊME MAISON A LIMOGES)

1916

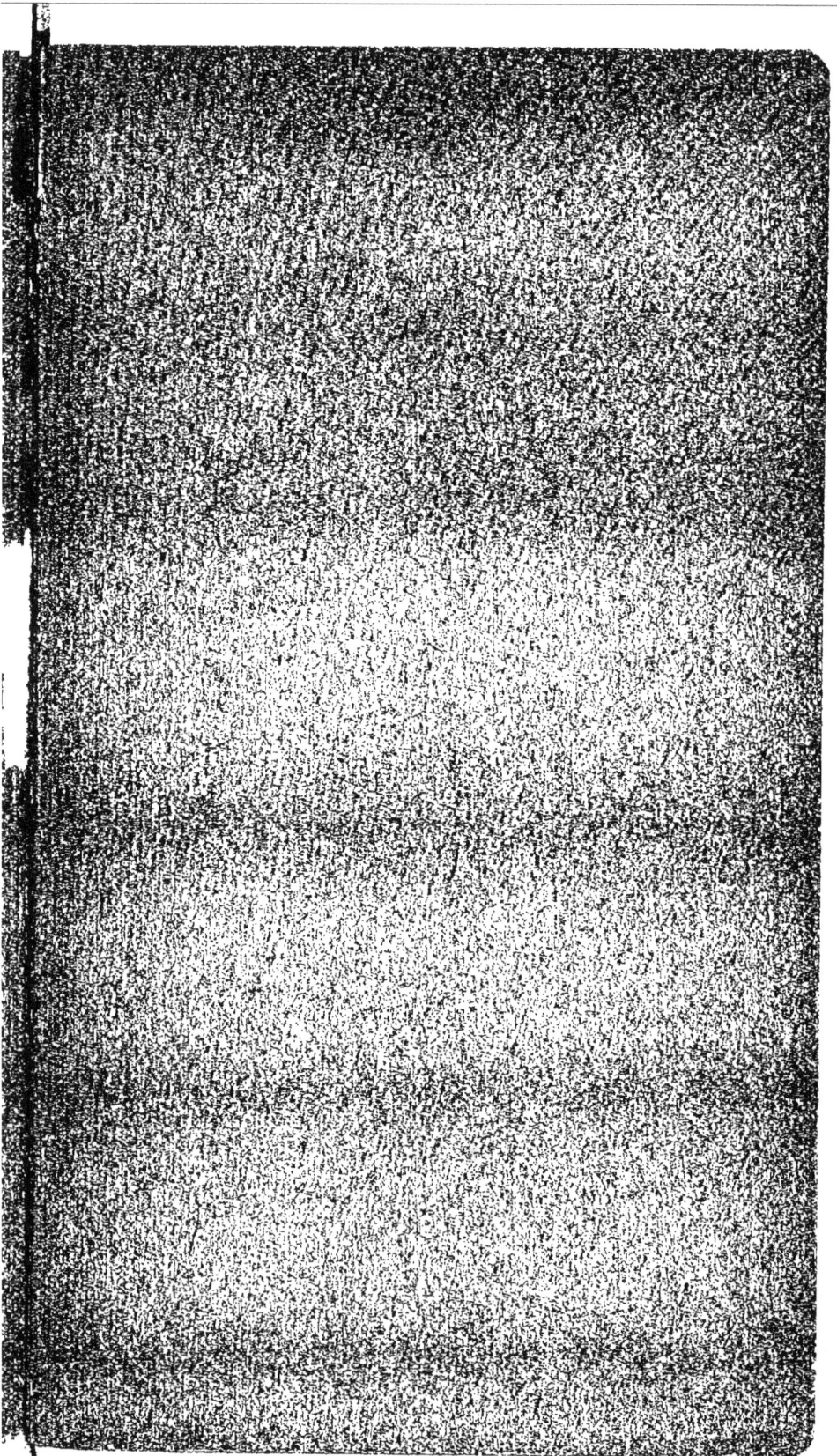

RÈGLEMENT PROVISOIRE

DE MANŒUVRE

DE L'ARTILLERIE DE MONTAGNE

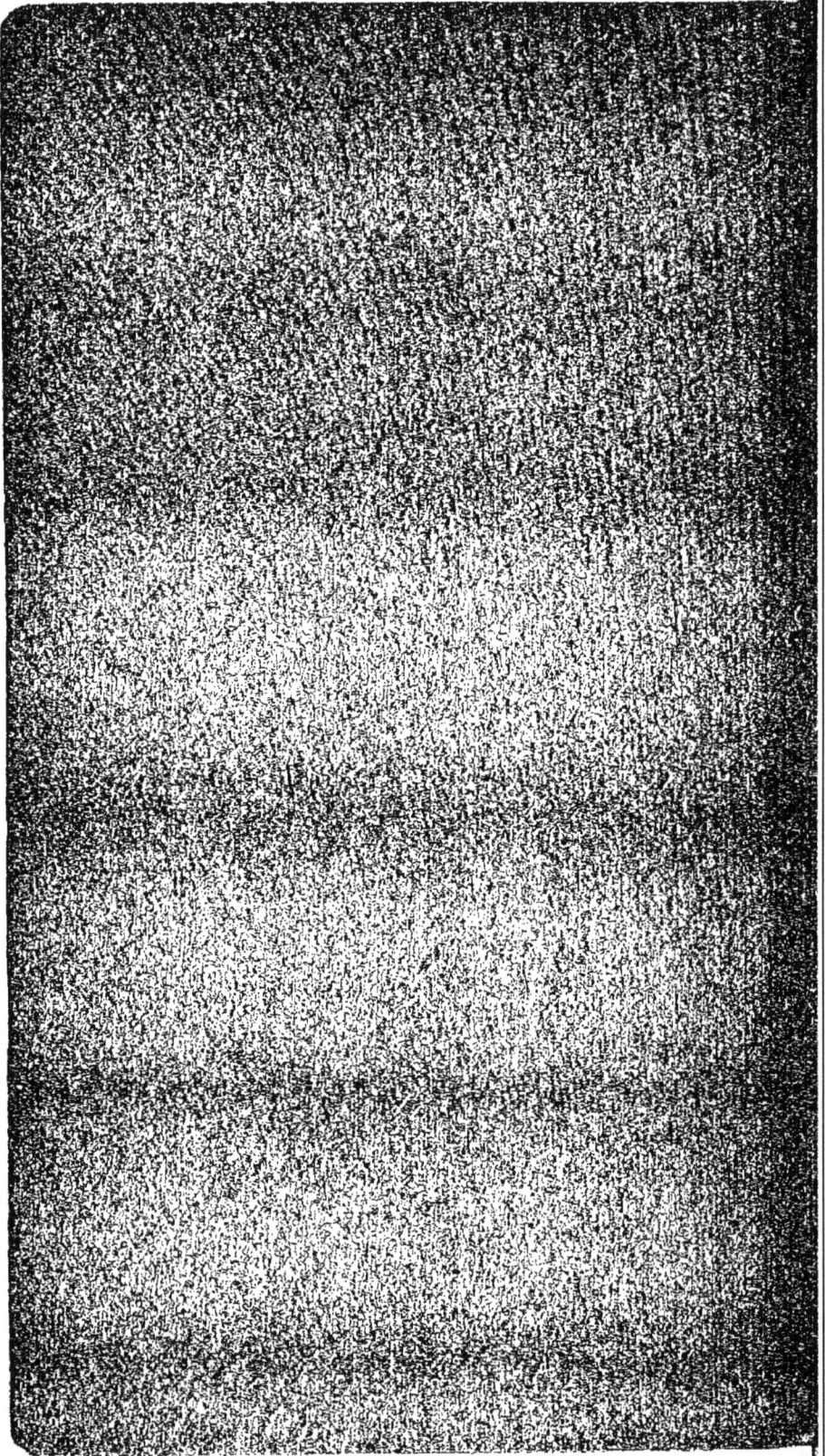

MINISTÈRE DE LA GUERRE

RÈGLEMENT PROVISOIRE

DE MANŒUVRE

DE

L'ARTILLERIE DE MONTAGNE

Approuvé par le Ministre de la Guerre
le 11 novembre 1912

TITRE I

BASES GÉNÉRALES DE L'INSTRUCTION

TITRE II

INSTRUCTION A PIED

PARIS

Henri CHARLES-LAVAUZELLE

Éditeur militaire

124, Boulevard Saint-Germain, 124

(MÊME MAISON A LIMOGES)

1913

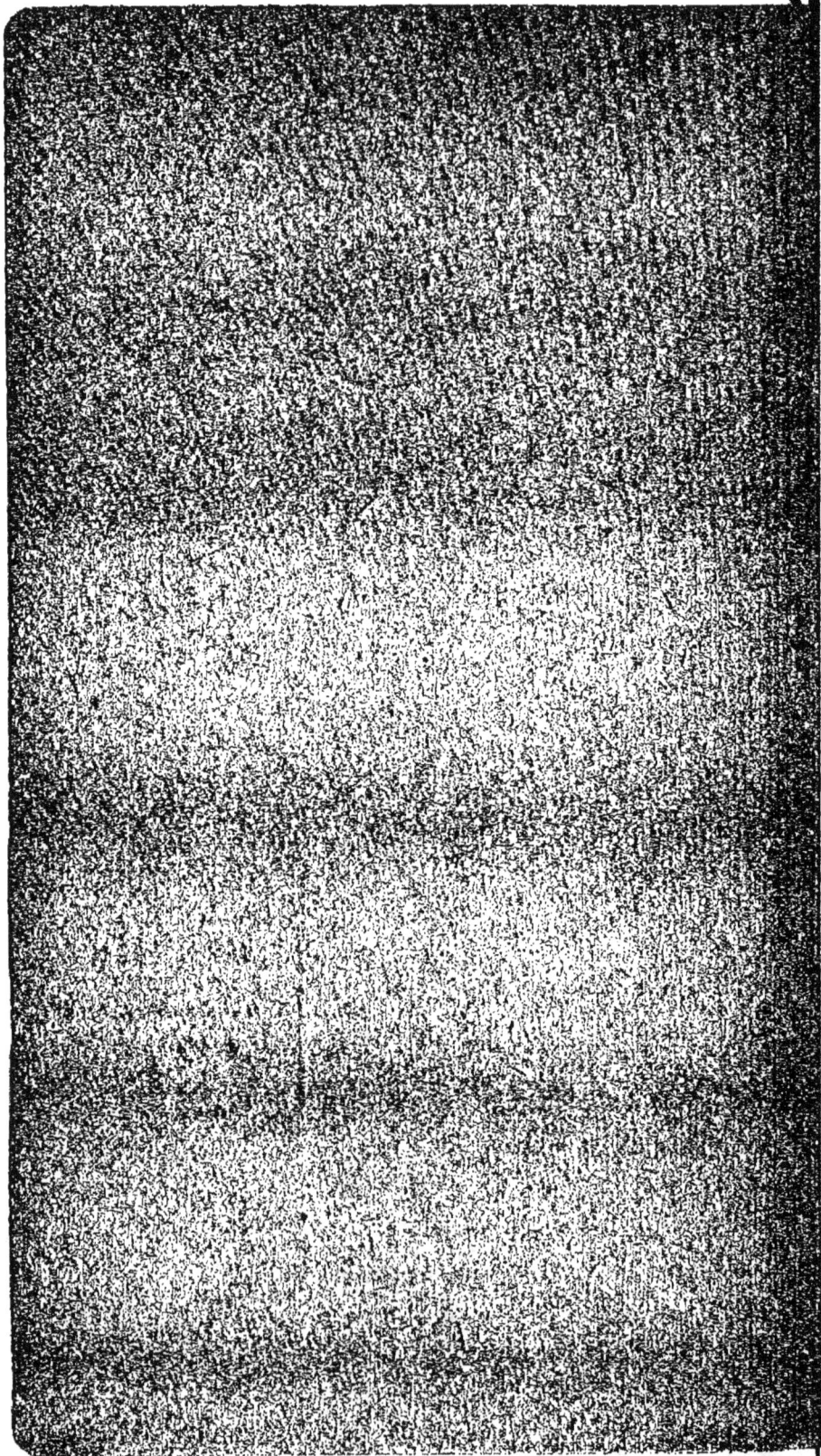

Le présent règlement abroge :

le règlement provisoire de manœuvre de l'artillerie de montagne du 28 octobre 1909.

TABLE DES MATIÈRES

TITRE I.

BASES GÉNÉRALES DE L'INSTRUCTION

ANNEXE I.

Définitions. — Commandements.

ANNEXE II.

Organisation de l'artillerie.

ANNEXE III.

Inspections, honneurs et défilés.

TITRE II.

INSTRUCTION A PIED

CHAPITRE I.

Instruction individuelle.

CHAPITRE II.

Instruction d'ensemble.

ANNEXE I.

ANNEXE II.

TITRE I

BASES GÉNÉRALES DE L'INSTRUCTION.

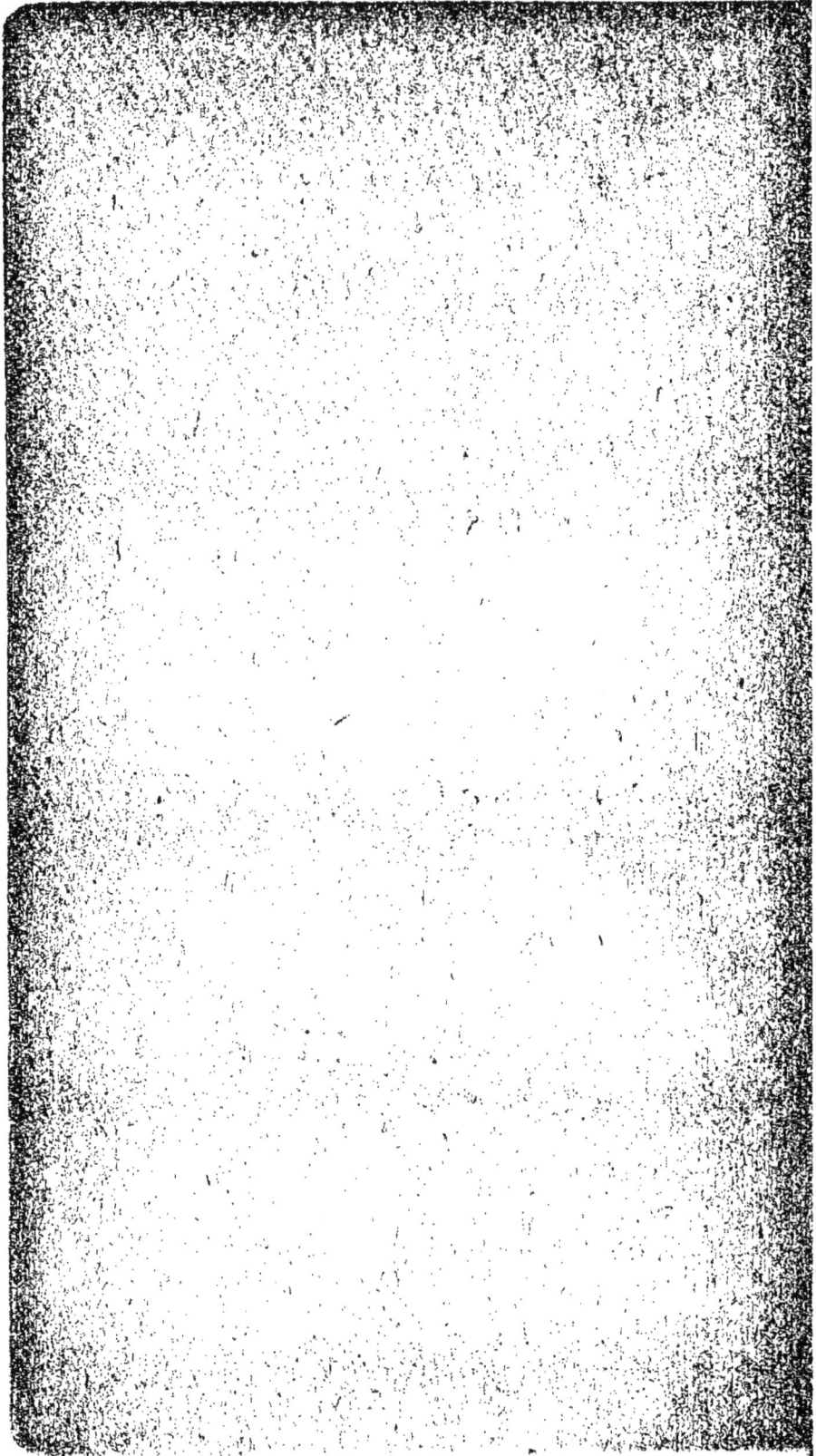

RÈGLEMENT PROVISOIRE

DE

MANŒUVRE DE L'ARTILLERIE DE MONTAGNE.

TITRE I.

BASES GÉNÉRALES DE L'INSTRUCTION.

ARTICLE I.

BUT DE L'INSTRUCTION.

1. La préparation à la guerre est le but unique de l'instruction.

Une troupe d'artillerie est préparée à la guerre lorsqu'elle est capable de se mouvoir avec rapidité et en bon ordre, de se mettre en batterie en utilisant judicieusement le terrain et de tirer le meilleur parti de ses feux au combat.

L'instruction est de beaucoup la partie la plus importante du service.

2. On doit s'efforcer de former des soldats vigoureux et disciplinés, connaissant bien leurs fonctions en campagne et sur le champ de bataille. On doit chercher également à développer chez tous les gradés les connaissances professionnelles qui leur sont nécessaires pour exercer avec autorité leurs fonctions et, dans la mesure de leurs attributions respectives, les qualités de coup d'œil, d'initiative et de décision qui leur permettront de conduire en temps de guerre l'unité dont ils ont le commandement.

3. Les officiers doivent être à même de remplir non seulement les fonctions de leur grade mais aussi celles du grade immédiatement supérieur (1). Ils doivent, en outre, connaître la manière de marcher et de combattre des autres armes.

---

(1) Cette disposition doit être appliquée également aux officiers de réserve et de l'armée territoriale, pendant leurs périodes de convocation, et leur instruction doit être dirigée en conséquence.

Les adjudants-chefs, les adjudants, les maréchaux des logis-chefs et les maréchaux des logis rengagés doivent pouvoir remplir les fonctions de chef de section.

Les brigadiers doivent être mis, autant que possible, en état de remplacer un chef de pièce.

Nul ne doit être appelé à remplir les fonctions d'un grade inférieur au sien.

ARTICLE II.

ATTRIBUTIONS DE CHAQUE GRADE.

4. Chaque chef, à tous les degrés de la hiérarchie, a une part de responsabilité correspondant à la part d'autorité qui lui est dévolue, et consacre à l'instruction de ses subordonnés tous ses efforts et tous ses soins. Il est responsable vis-à-vis de son supérieur immédiat.

5. En temps de paix, le premier des devoirs du chef est d'instruire l'unité dont il a le commandement. Mais son attention ne doit pas se borner à l'instruction professionnelle. Tout supérieur a le devoir de s'occuper de l'éducation morale de ses subordonnés, comme de leur éducation physique et de leur instruction militaire. Il doit savoir s'adresser à leur cœur pour y faire naître et y développer les sentiments de confiance, de dévouement et de patriotisme qui contribueront plus sûrement au maintien de la discipline que les rigueurs du règlement.

6. Le CHEF DE CORPS règle la marche générale de l'instruction, la surveille et en constate les résultats.

Il fait sentir son influence plutôt par une impulsion régulatrice que par une action immédiate dans les détails.

7. Le CHEF D'ESCADRON dirige, surveille et inspecte l'instruction de ses batteries, et attache une importance toute particulière à celle des officiers, des gradés et des candidats à l'avancement. Il prend les mesures nécessaires pour pouvoir présenter ses batteries aux inspections du chef de corps aux époques fixées.

8. Le CAPITAINE COMMANDANT règle la progression des instructions de sa batterie, en tenant compte des résultats obtenus et des ordres du chef de corps.

L'instruction et l'éducation militaire de la troupe se donnant complètement dans la batterie, la mission du capitaine commandant a la plus haute importance; il doit s'y consacrer tout entier et la plus large initiative doit lui être laissée.

ARTICLE III.

EXERCICES ET MANŒUVRES.

9. Les principes et les règles suivant lesquels doivent être exécutés les exercices et les manœuvres, ainsi que les dispositions à prendre pour leur organisation, sont indiqués dans le présent règlement (titres II à VII inclus) On ne perdra jamais de vue les principes fondamentaux exposés ci-dessous.

L'instruction des canonniers a pour base les exercices individuels; elle se perfectionne et se complète dans les exercices d'ensemble.

L'instruction des officiers et des gradés exige des manœuvres d'ensemble et des exercices exécutés en terrain varié, soit avec les cadres seuls, soit avec le matériel. Tous ces exercices doivent avoir un caractère nettement objectif; ceux qui visent principalement l'instruction des officiers sont toujours organisés d'après des thèmes tactiques appropriés.

10. **Instruction individuelle.** — L'instruction individuelle étant la base de l'éducation militaire du soldat, on doit y consacrer tout le temps nécessaire. Le nombre des canonniers confiés à un même instructeur doit être réduit autant que possible. La durée des exercices doit être proportionnée au degré d'entraînement des hommes et à la nature du travail; pour tenir l'attention en éveil, on varie les mouvements dans la mesure compatible avec les progrès de l'instruction.

L'instructeur doit user à la fois de beaucoup de douceur, de fermeté et de patience, et chercher à faire toujours appel à l'intelligence des hommes.

Il garde une attitude et une tenue correctes, afin de leur servir constamment de modèle.

Il doit arriver sur le terrain, ayant préparé d'avance l'emploi de sa séance en raison de l'état d'instruction des canonniers et du genre d'instruction qu'il dirige. Il évite les longues explications verbales. C'est en exécutant lui-même les mouvements et en donnant les indications nécessaires au fur et à mesure de leur exécution, qu'il arrivera à en faire comprendre le mécanisme à ses hommes.

Tout mouvement nouveau doit faire l'objet d'une leçon particulière donnée à chaque canonnier.

Les observations et les rectifications que l'instructeur peut avoir à faire sur la façon dont un mouvement a été exécuté, doivent se faire posément, sur un ton ferme et animé, et aussitôt après l'exécution du mouvement; *elles sont toujours individuelles.* L'instructeur ne touche un homme pour rectifier sa position que lorsqu'il est dans l'impossibilité absolue de se faire comprendre de celui-ci par l'emploi des procédés habituels.

Avant d'expliquer un mouvement, l'instructeur montre aux canonniers, en les nommant, les parties des armes, du mulot, du harnachement et du matériel dont il aura à leur parler pour la première fois. Pour s'assurer qu'ils ont compris et retenu ses explications, il les interroge à l'aide de demandes très simples, n'exigeant que des réponses très courtes, à l'exclusion de toute récitation de nomenclatures.

11. Manœuvres d'ensemble. — Si les canonniers ont reçu une instruction individuelle convenable, la correction des manœuvres exécutées par une troupe et sa maniabilité dépendent surtout du degré d'instruction des officiers et des gradés. Il en est de même en ce qui concerne la bonne exécution du tir.

Le règlement laisse à dessein, dans les manœuvres d'ensemble, une certaine liberté de mouvements aux unités subordonnées; cette liberté a pour but d'obtenir plus de souplesse et de rapidité dans l'exécution et, en même temps, de développer les qualités d'initiative et l'esprit des sous-ordres. Il est expressément interdit de la restreindre par des prescriptions formelles érigeant les diverses évolutions en types invariables.

Le commandant de la manœuvre doit toujours faire connaître à ses subordonnés le but de l'exercice exécuté. Lorsqu'il a des observations à faire ou des erreurs à redresser, il doit, en général, sauf lorsqu'il veut suspendre l'exécution d'une manœuvre, attendre pour cela que le mouvement en cours soit terminé, son intervention aurait le plus souvent pour résultat de gêner cette exécution, sans d'ailleurs porter ses fruits.

En principe, il adresse ses observations à ses subordonnés immédiats, de façon à respecter la responsabilité de chacun; il le fait de manière à n'être entendu que d'eux seuls. La succession des responsabilités est respectée, de même si l'observation doit être transmise par eux. Il appartient au chef de laisser à ses subordonnés le temps nécessaire pour cette transmission.

Le commandant de la manœuvre peut également, s'il le juge utile à l'instruction de tous, faire examiner en sa présence, ou examiner lui-même directement les dispositions prises aux divers échelons hiérarchiques.

L'ensemble des observations suggérées au commandant d'une manœuvre dans l'intérêt de l'instruction de ses subordonnés constitue la *critique*.

12. Exercices en terrain varié. — Ces exercices doivent toujours avoir pour base une donnée tactique très simple connue et comprise des cadres qui y participent. Leur exécution n'est soumise à aucune règle fixe. La seule préoccupation de l'officier qui dirige un des exercices doit être d'intéresser ses subordonnés et de les entraîner à prendre, en toutes circonstances, les dispositions conformes au but qu'il leur a fait connaître. Avant de faire la critique, il se fait rendre compte des mesures prises par ses subordonnés et des motifs qui les ont fait agir.

La discussion qu'il fait de la valeur de ces motifs et l'exposé de la solution qui lui paraît la meilleure constituent les principaux éléments d'instruction de ces exercices.

Lorsque les dispositions prises ont été judicieuses, la critique doit toujours le faire ressortir; dans le cas contraire, les erreurs doivent être redressées avec bienveillance, de manière à éviter de blesser dans leur amour-propre ceux qui les ont commises, et de paralyser ultérieurement leur initiative par la crainte d'un reproche. On ne doit jamais, en effet, perdre de vue qu'en fuyant les responsabilités, on commet une des fautes les plus graves au point de vue militaire.

ARTICLE IV.

MARCHE ANNUELLE DE L'INSTRUCTION.

L'année d'instruction comprend deux périodes principales:

13. Première période. — La première période s'étend depuis l'arrivée des hommes de recrue jusqu'au moment où ils sont en état de participer à toutes les instructions de la batterie. Elle doit être terminée vers le 1er mars.

L'instruction des jeunes soldats est donnée tout entière dans l'intérieur de la batterie, sous la direction du capitaine commandant. Autant que possible, les instructeurs doivent toujours avoir les mêmes hommes à instruire. Pendant la première période, les hommes de recrue ne sont distraits de l'instruction que dans le cas de force majeure. Toutefois ils peuvent participer dans une certaine mesure au service de garde, lorsque leur instruction sur le maniement d'armes et le service de place est suffisamment avancée.

Chaque partie de l'instruction donne lieu à une ou plusieurs inspections du chef de groupe et à une inspection du chef de corps. Les canonniers qui ne satisfont pas à l'une des inspections sont réputés *retardataires* pour la partie de l'instruction qui concerne cette inspection.

14. Lorsque les hommes de recrue ont terminé les instructions de la première période, ils sont dits *mobilisables*.

Toutefois, si par suite de circonstances spéciales, l'ordre était donné au corps de se mettre en mesure d'emmener leurs jeunes soldats en campagne avant la date fixée ci-dessus, on ne devrait pas chercher à accélérer la marche de l'instruction; on n'aboutirait ainsi qu'à leur donner des notions superficielles et mal assimilées sur tous les points.

Il est préférable, dans le cas considéré, de limiter leurs connaissances à ce qui est indispensable pour occuper certains postes, savoir :

Les postes de tireur, chargeur, pourvoyeur et conducteur de mulets de caisses.

Tous doivent, en outre, savoir faire le paquetage de campagne.

Les ouvriers spéciaux et les élèves trompettes ne peuvent être admis au travail des ateliers et à l'école des trompettes que lorsqu'ils ont satisfait aux instructions de la première période.

15. Pendant la première période, l'instruction de la batterie se poursuit pour les cadres et les anciens soldats. En particulier, les dispositions doivent être prises pour que tous les anciens canonniers sans exception participent à des manœuvres d'artillerie périodiques ayant pour principal objet de leur permettre de se maintenir dans un état d'entraînement constant, en ce qui concerne le service des bouches à feu dans le tir. Dès que les jeunes soldats sont assez avancés dans leur instruction d'artillerie, ils participent à ces manœuvres; ils prennent part aussi aux exercices d'embarquement en chemin de fer (1) et aux exercices de mobilisation lorsqu'il en est exécuté au cours de la première période. On exécute, en outre, des exercices de cadre et des applications du service en campagne.

16. Deuxième période. — La deuxième période d'instruction succède immédiatement à la première et s'étend jusqu'aux manœuvres alpines.

Elle est principalement consacrée à l'instruction de la batterie.

Le service est toujours commandé par batterie, de manière à laisser le plus grand nombre possible d'unités intactes et disponibles pour l'instruction. Les batteries qui fournissent les gardes et les corvées fournissent les gradés pour les commander.

L'instruction doit, dès que cela est possible, être donnée en terrain varié, et les exercices qu'elle comporte doivent être, fréquemment exécutés avec des effectifs se rapprochant des effectifs de guerre.

Les effectifs de paix ne permettant pas de mettre à la fois sur le pied de guerre un grand nombre d'unités d'un même régiment, il appartient au chef de corps de régler

---

(1) Voir les instructions relatives au transport par chemin de fer et aux exercices d'embarquement (B. O., vol. 100-7).

l'emploi du temps des exercices de la deuxième période de telle sorte que toutes les batteries puissent, à tour de rôle et le plus souvent possible, disposer de ressources suffisantes pour manœuvrer à l'effectif de guerre.

17. Les *écoles à feu* constituent la plus importante des instructions de l'artillerie. Elles sont échelonnées sur toute l'année d'instruction.

Les *manœuvres de garnison* permettent de familiariser l'artillerie avec les dispositions à prendre pour marcher et manœuvrer de concert avec les autres armes.

Les manœuvres en commun de plusieurs armes doivent être multipliées le plus possible dans les garnisons où la présence de troupes d'armes différentes le permet. Ces manœuvres peuvent être organisées par simple entente directe entre les chefs de corps ou, avec leur assentiment, entre les chefs d'unités inférieures.

Les *marches et tirs d'hiver* permettent de familiariser la troupe avec les détails pratiques de la vie en montagne pendant la saison d'hiver; ils permettent en outre, d'habituer les officiers et les cadres aux difficultés essentiellement variables, de la marche, de la manœuvre et du tir d'une batterie sur la neige; enfin, ils font connaître pratiquement les précautions particulières à prendre lorsque les hommes et les animaux sont appelés à séjourner en montagne pendant l'hiver.

La *période alpine* (manœuvre du *groupe alpin* et *manœuvres d'ensemble*) permet de familiariser les officiers et les cadres avec le fonctionnement du service dans le groupe alpin constitué et dans les unités constituées comprenant plusieurs groupes alpins.

Instruction des retardataires et des engagés volontaires.

18. Autant que possible, les retardataires sont instruits dans leur batterie. Lorsqu'ils sont trop peu nombreux, ils sont réunis, soit par groupes de batterie, soit par régiment.

Les engagés volontaires arrivés au corps trop tard pour participer aux instructions des jeunes soldats sont traités de la même façon.

Instruction des réservistes et des hommes de l'armée territoriale.

19. Le but à atteindre est de mettre chacun en état de remplir les fonctions qui lui sont attribuées en cas de mobilisation. L'instruction doit être organisée en conséquence; tout détail qui ne se rapporterait pas directement au but indiqué ci-dessus, doit en être résolument écarté.

L'instruction des réservistes et des territoriaux donne toujours lieu à une inspection qui est passée à la fin de leur période.

ARTICLE V.

FORMATION DES CADRES.

20. Dans le choix des hommes de troupe susceptibles d'être proposés pour l'avancement aux grades de brigadier et de maréchal des logis, on doit tenir compte avant tout de l'aptitude au commandement, de la moralité et de la conduite. Mais il faut aussi exiger des garanties sous le rapport des connaissances professionnelles.

Pour acquérir ces connaissances, les candidats suivent des instructions spéciales; celles qui concernent les élèves brigadiers sont distinctes de celles qui sont destinées aux candidats sous-officiers.

21. Les **élèves brigadiers**, sont choisis, dès que l'on a pu se rendre compte des aptitudes des hommes de recrue, parmi ceux qui paraissent le mieux doués et on s'attache à développer leur instruction pour pouvoir en faire plus tard des brigadiers. A cet effet, indépendamment de leur participation aux exercices des hommes de leur classe, ils reçoivent un complément d'instruction théorique et pratique.

On perfectionne leur instruction individuelle, on les habitue à commander les différents mouvements et à rectifier les fautes commises et on leur fait connaître les fonctions qu'ont à remplir les brigadiers dans les divers services.

Le chef d'escadron exerce avec la plus grande sollicitude la haute direction de leur instruction.

Avant la date fixée par le chef de corps pour le commencement du peloton des candidats sous-officiers, le chef d'escadron établit un classement d'ensemble de tous les candidats de ses batteries et les présente au chef de corps, qui arrête la liste de ceux dont il juge l'instruction suffisante pour leur permettre d'être proposés pour le grade de brigadier.

Les élèves brigadiers qui n'ont pas satisfait aux instructions peuvent être ultérieurement présentés à nouveau, lorsque leur instruction est jugée suffisante.

22. Candidats sous-officiers. — En principe, les candidats sous-officiers sont réunis en un peloton unique par régiment.

Les brigadiers et les élèves brigadiers susceptibles de recevoir l'instruction des candidats sous-officiers sont désignés par le chef de corps, sur la proposition des chefs de groupe.

La direction du peloton est confiée à un lieutenant, désigné par le chef de corps, qui met à la disposition de cet officier le nombre de sous-officiers nécessaire.

Le peloton fonctionne sans interruption de semaine, sous la seule réserve que, quel que soit le mode d'organisation du peloton, les candidats et leurs instructeurs participent aux instructions et aux exercices de leur batterie lorsque celle-ci est réservée de manœuvre.

Le chef de corps fixe la date du commencement et de la fin du peloton, il surveille son fonctionnement, de manière à éviter les divergences trop sensibles entre les pelotons de différents groupes.

Les radiations reconnues nécessaires pendant la durée de l'instruction sont prononcées par le chef de corps, sur la proposition des chefs d'escadron.

L'état de l'instruction de chaque candidat est constaté mensuellement au moyen de notes établies par l'officier chargé du peloton. Ces notes sont communiquées aux capitaines commandants.

Lorsque l'instruction est terminée, le chef de corps inspecte les candidats sous-officiers, s'assure qu'ils possèdent toutes les connaissances prescrites et en fait établir le classement pour l'ensemble du régiment, en tenant compte des notes des capitaines commandants.

ARTICLE VI.

PROGRAMME DE L'INSTRUCTION.

I. — Première période.

Instruction individuelle de l'homme de troupe.

23. Instruction à pied. — Titre II y compris les annexes, moins ce qui concerne le sabre et le revolver.

Instruction d'artillerie. — École du canonnier servant; École de la pièce (titre IV, chapitres I et II); Étude du matériel; Démontages, remontages et entretien (titre IV, chapitres I et II de l'annexe 1; Emploi des instruments (titre IV, annexe 2 moins l'article V); emploi des signaux (titre IV, chapitres I et II de l'annexe 3); Définitions sur le pointage et le tir (titre IV, 2ª partie, définitions).

Nota. — Les différentes instructions contenues dans ces

chapitres sont données aux canonniers selon leur intelligence, leur degré d'instruction et leur spécialisation probable (pointeurs, éclaireurs, etc.).

Conduite et chargement des mulets. — École du canonnier conducteur du mulet non chargé. Instruction sur le chargement et le déchargement des mulets. École du canonnier conducteur du mulet chargé. Extérieur du mulet, présenter un mulet, soins à donner aux mulets. Harnachement. Équiper les bâts, harnacher (titre III, moins l'article V de l'annexe I et les annexes III, IV et V.).

Instruction de la batterie portée. — Instruction de la pièce portée (titre VI, chapitre II).

Instructions diverses. — Exercices préparatoires d'embarquement en chemin de fer.
Série complète des *instructions intérieures*, et des instructions sur le *service de place*.

II. — Deuxième période.

Instruction de la batterie.

24. Instruction d'artillerie. — École de batterie (titre IV, chapitre III).

Instruction à cheval. — Conduite en guides (1) (titre III, annexe 4).

Instruction de la batterie portée. — Instruction de la batterie (titre VI, chapitre III).

Instruction pratique sur le service de l'artillerie en campagne. — Marches, cantonnements et bivouacs (titre VII, chapitres II et III et annexe III).

Exercices de **mobilisation,** exercices d'**embarquement en chemin de fer.**

III. — Formation des cadres.

1° ÉLÈVES BRIGADIERS.

Instruction pratique.

25. Toutes les instructions données aux canonniers au cours de la première période.

_____

(1) Cette instruction est donnée à quatre conducteurs au moins par batterie, mention en est faite sur leurs livrets. Elle est également donnée, pendant les périodes de convocation, aux conducteurs réservistes et territoriaux affectés à des sections mixtes de munitions.

Instruction théorique.

Bases générales de l'instruction. — Définitions et commandements (titre I, annexe I).

Service intérieur et service de place. — Articles concernant les canonniers et les brigadiers.

2° CANDIDATS SOUS-OFFICIERS.

Instruction théorique et pratique.

26. Revision de l'instruction donnée au peloton des élèves brigadiers.

Complément d'instruction pratique.

École du canonnier à cheval (1).

Complément d'instruction théorique.

Instruction à pied. — Instruction individuelle et instruction d'ensemble (titre II, chapitres I et II).

Instruction d'artillerie. — Principes généraux (titre IV, introduction, article I); École du canonnier servant et École de la pièce (titre IV, chapitres I et II); Description et entretien du matériel (titre IV, annexe I, chapitres I et II); Emploi des instruments dans le tir (titre IV, annexe II); Définitions sur le pointage et le tir (titre IV, 2° partie, Définitions).

Conduite et chargement des mulets. — École du canonnier conducteur du mulet non chargé. Chargements et déchargements. École du canonnier conducteur du mulet chargé. Extérieur du mulet, présenter un mulet, soins à donner aux mulets. Harnachement. Équiper les bâts, harnacher. (Titre III, moins l'article V de l'annexe I et les annexes III, IV et V.)

---

(1) Cette instruction est donnée plus ou moins complètement suivant les ressources en chevaux dont on dispose et suivant les aptitudes de chaque candidat. Ceux d'entre eux qui paraissent susceptibles de devenir officiers de réserve ou d'obtenir le certificat d'aptitude aux fonctions de chef de section dans la réserve, doivent, dans tous les cas, recevoir une instruction aussi complète que possible. Il en est de même de ceux qui sont aptes aux fonctions de fourrier.

On se conforme pour cette instruction au Règlement de manœuvres de l'artillerie de campagne (titre III, chapitre I).

Instruction de la batterie portée. — Dispositions générales (titre VI, chapitre I); Instruction de la pièce portée (titre VI, chapitre II); Organisation, ordres et formations de la batterie de combat (titre VI, chapitre III, article I).

Service intérieur et service de place. — Articles concernant les sous-officiers.

En outre, les candidats sous-officiers reçoivent, dans leur propre batterie des instructions sur :

Le rôle et les fonctions des brigadiers et des sous-officiers dans la batterie (instruction d'artillerie, instruction de la batterie portée);

Les fonctions et devoirs des brigadiers et des sous-officiers en campagne (marches, cantonnements, bivouacs, alimentation, service sur le champ de bataille).

3° CANDIDATS AU CERTIFICAT D'APTITUDE
A L'EMPLOI DE CHEF DE SECTION.

---

27. — I. Connaissances techniques.

Règlement de manœuvre de l'artillerie de montagne.	Titre I (annexes I et II). — Titres II et III.
	Titres IV, V, VI et VII.... { Notions indispensables à un chef de section en campagne, soit pour commander une section dans la batterie, soit pour commander une section isolée.
Instruction sur la tenue et le paquetage. (Unités de l'artillerie de montagne.)	Troupe. Tenue et paquetage de campagne. Alimentation en campagne. Transport des effets et des vivres. (Notions essentielles.) Dispositions spéciales pour l'embarquement en chemin de fer.

Notions sur le transport des unités de l'artillerie de montagne par voie ferrée.

Service des armées en campagne.	Titre IX. Notions sur les réquisitions. Titre XIV, Chapitre V. Devoirs des officiers et sous-officiers pendant le combat.

Service intérieur et service des places } Articles concernant les sous-officiers.

Administration... } Notions sur la comptabilité de la batterie en campagne.

Législation..... { Notions essentielles sur { Le droit des gens — les obligations des hommes de réserve et de l'armée territoriale dans leurs foyers — le recrutement, l'avancement, l'administration et l'instruction des officiers de complément.

Hygiène. — Notions générales.

Règles pour la correspondance militaire.

II. Connaissances pratiques.

Commandement d'une section à pied.

Application sur le terrain, au point de vue du commandement de la *Section* dans la batterie ou isolée, des connaissances techniques *en ce qui concerne les manœuvres et le tir* (1).

Topographie..... { Lecture et emploi de la carte au 1/80 000°.
Orientation.
Exécution d'un croquis sommaire à fournir à l'appui d'une reconnaissance.

Administration... { Etablissement d'un bon, tenue du carnet d'ordinaire de campagne, comptabilité d'un détachement en campagne.

Epreuves d'équitation.

---

(1) Chaque candidat devra commander *un tir réel* de section isolée.

ARTICLE VII.

INSTRUCTIONS DIVERSES.

I. — Instruction des canonniers.

28. Instructions intérieures. — Les instructions intérieures embrassent toutes les prescriptions qui s'adressent aux soldats dans les règlements sur le service intérieur et sur le service de place, les détails de législation et d'administration qui les concernent personnellement, l'entretien des effets, du harnachement et des armes portatives, et la confection des paquetages.

Ces instructions ont en outre pour objet de contribuer à l'éducation morale des canonniers, en développant en eux le respect de l'uniforme, le sentiment du devoir, le culte de l'honneur, l'amour de la Patrie et la fidélité au drapeau.

Les officiers et gradés ne doivent pas perdre de vue que, dans la formation du soldat, l'éducation morale de l'homme est presque aussi importante que son instruction militaire professionnelle. Cette éducation est de tous les instants et elle se donne surtout par l'exemple des supérieurs dans toutes les occasions du service.

Les officiers de batterie s'attachent à faire connaître aux jeunes canonniers les hauts faits qui ont illustré leur arme et leur régiment. Ils commentent, dans des entretiens à leur portée, les exemples de dévouement, de bravoure, de discipline et d'abnégation militaire les mieux faits pour frapper leur imagination et leur inspirer l'idée la plus élevée de leur nouvel état.

Les séances consacrées à l'instruction intérieure ne doivent jamais être trop prolongées; on en écarte toute récitation littérale. Toutes les fois qu'un enseignement peut se traduire par une action, ce moyen doit être employé de préférence à tout autre.

29. Gymnastique. — La gymnastique est enseignée, dans chaque batterie, par des moniteurs qui ont reçu l'instruction nécessaire.

II. — Instructions spéciales pour les gradés.

30. Les instructions spéciales des gradés comprennent l'instruction complémentaire d'équitation, l'escrime, les théories.

En outre, des cours sont organisés conformément aux instructions ministérielles, pour les sous-officiers qui demandent à concourir pour l'Ecole militaire de l'artillerie et du génie, ou pour l'Ecole d'administration militaire ainsi que pour les candidats à l'emploi de maréchal des logis mécanicien.

31. Instruction complémentaire d'équitation. — L'instruction complémentaire d'équitation est donnée aux sous-officiers rengagés.

32. Escrime. — L'enseignement de l'escrime est obligatoire pour les sous-officiers rengagés.

33. Théories. — On entend par cette expression l'ensemble des instructions faites par les officiers aux gradés, pour mettre ceux-ci à hauteur de leurs diverses fonctions du temps de paix et du temps de guerre.

Ces instructions sont faites par batterie.

En ce qui concerne les sous-officiers ayant moins de deux ans de service et les brigadiers, on se borne à faire d'eux de bons sous-instructeurs et à les confirmer dans les notions qui leur sont indispensables pour remplir convenablement leurs fonctions en campagne, spécialement comme chefs de pièce ou brigadiers de pièce.

Les instructions particulières qui leur sont données comprennent la signalisation, les procédés de liaison, l'emploi du téléphone, de l'appareil de télégraphie optique, du télémètre et pour les sous-officiers seulement le cours spécial et la topographie.

L'instruction des sous-officiers de carrière comporte plus de développement dans les matières indiquées ci-dessus; de plus ils sont exercés au tir et reçoivent des notions théoriques et pratiques sur les formations des autres armes, sur le ravitaillement, etc.

Ils sont les instructeurs des hommes de recrue; les séances spécialement destinées à leur préparation à ce rôle doivent, au même titre que celles consacrées aux autres instructions, conserver un caractère essentiellement pratique; la récitation littérale des textes n'est jamais exigée.

34. Le *cours spécial* a pour objet les matières suivantes : bouches à feu, munitions, artifices, affûts, voitures, organisation, mobilisation. On y insistera en particulier, sur la visite du matériel, sur la vérification des lignes de mire et sur l'entretien du matériel. L'enseignement doit être donné, en grande partie, en présence du matériel.

35. L'enseignement de la *topographie* doit être conduit de manière que *tous les sous-officiers* :

1° Soient familiarisés avec les termes usuels dont on se sert pour définir les accidents du terrain;

2° Sachent lire une carte au 1/80.000 ainsi que les diverses cartes en usage dans la région alpine et en Algérie et s'en servir pour se diriger d'un point à un autre;

3° Puissent s'orienter.

La plupart des sous-officiers rengagés doivent, en outre, pouvoir :

1° Exécuter une amplification planimétrique sommaire d'une portion de carte et s'en servir ensuite pour se diriger;

2° Se diriger au moyen de renseignements donnant les noms des localités et les itinéraires approximatifs en direction et en distance;

3° Reporter sur un croquis planimétrique des détails observés par rapport aux lignes du croquis;

4° Exécuter une reconnaissance ayant un but déterminé (cours d'eau, pont, route, sentier muletier, etc.).

L'instruction topographique des sous-officiers sera conduite d'une manière aussi pratique que possible et dégagée de toute considération scientifique.

III. — Travaux et exercices spéciaux des officiers.

36. Exercices sur la carte. — Les exercices sur la carte ont pour objet d'habituer les officiers à réfléchir sur les situations et à formuler leurs ordres rapidement et d'une façon complète et précise. Ils constituent une préparation excellente aux exercices en terrain varié qui sont exécutés conformément aux prescriptions du présent règlement, et permettent, en outre, de familiariser les officiers avec les principes de manœuvre et d'emploi des autres armes.

37. Travaux d'étude. — Les travaux d'étude des lieutenants sont, en général, limités à des reconnaissances exécutées sur les terrains avoisinant les garnisons et les champs de tir, d'après des idées tactiques données par les chefs de groupe ou par le chef de corps; ils ont pour but principal de fournir les éléments pour la préparation des exercices en terrain varié.

38. Théorie. — Les chefs d'escadron et les capitaines commandants ont le devoir de s'assurer que les officiers sous leurs ordres se maintiennent au courant des dispositions des règlements, ainsi que des modifications survenues dans l'organisation et des perfectionnements apportés au matériel.

39. Instruction équestre des officiers. — Tous les officiers ont le devoir de s'entretenir en tout temps dans la pratique de l'équitation. Le chef de corps y veille.

Les lieutenants suivent un cours d'équitation fait par un officier désigné par le chef de corps. L'entraînement des chevaux et l'exécution des longs parcours en montagne, ainsi que tout ce qui a trait au service de guerre, doivent avoir, dans cet entraînement, une part égale à celle du travail de manège et de dressage.

40. Escrime. — L'escrime est obligatoire pour les lieutenants et les sous-lieutenants (règlement du 6 mars 1908).

IV. — Instruction des officiers de réserve.

41. L'instruction des officiers de réserve, pendant leurs périodes de convocation, doit être dirigée exclusivement en vue de leur permettre de remplir convenablement les emplois qui doivent leur être attribués, ou qui pourront leur être attribués en campagne. Leur participation au service intérieur des corps et des unités auxquelles ils sont affectés n'a d'autre objet que de leur mieux apprendre à connaître le soldat, en les mettant en contact plus immédiat avec lui. Ce n'est que tout à fait exceptionnellement que ceux d'entre eux qui font le service dans des unités actives peuvent être appelés à surveiller ou à diriger une instruction. Ceux qui font le service dans des unités de réservistes constituées au moment de leur période de convocation doivent être à même de collaborer utilement à l'instruction de ces unités.

Les officiers de réserve participent à tous les exercices des unités auxquelles ils sont affectés; ils peuvent également être appelés, pour compléter leur instruction, à prendre part à certains exercices spéciaux (service en campagne, embarquement, ravitaillement, manœuvres de garnison, etc) exécutés par d'autres unités.

Leur instruction pratique est complétée par quelques conférences peu nombreuses qui leur sont faites sur le tir et sur l'administration en campagne.

Tous doivent être exercés, dès qu'ils sont suffisamment confirmés dans les fonctions de leur grade, à remplir les fonctions du grade immédiatement supérieur.

Les dispositions qui précèdent sont également applicables aux officiers de l'armée territoriale.

TITRE I.

BASES GÉNÉRALES DE L'INSTRUCTION.

ANNEXES.

ANNEXE I.

DÉFINITIONS. COMMANDEMENTS.

ARTICLE I.

DÉFINITIONS.

1. Troupe. — Se compose de canonniers avec ou sans matériel, celui-ci étant porté ou attelé, ou en batterie.

Pièce. — Se compose en général d'un *canon*, d'un débouchoir et de deux paires de caisses.

La droite et la gauche d'un canon attelé ou porté, est la droite ou la gauche du mulet qui est attelé ou qui porte.

Le canon est dit *en batterie* lorsque, la crosse reposant à terre, la volée est dirigée vers le but à battre.

La droite et la gauche d'un canon en batterie sont la droite et la gauche d'un homme placé en arrière de la crosse et faisant face au canon.

Rang. — Se compose d'éléments de même nature disposés les uns à côté des autres.

File. — Se compose de deux ou pusieurs éléments de même nature disposés l'un derrière l'autre.

Dans une file d'hommes à pied conduisant ou non un mulet, celui qui est devant est appelé *chef de file*. Une file est *creuse* quand un ou plusieurs des éléments qui suivent le premier manquent.

Front. — Se dit soit du devant d'une troupe, soit de l'espace qu'elle occupe dans le sens de la largeur.

Pour calculer le front d'une troupe, on admet qu'un homme à pied occupe 70 centimètres; un cheval ou un mulet 1 mètre; un attelage ou un mulet chargé, 1",40, une voiture attelée 2 mètres.

Intervalle. — Espace, compté dans le sens du front, qui sépare deux éléments d'une même troupe, ou deux troupes ou fractions de troupe.

L'intervalle est de 15 centimètres entre deux hommes à pied, mesure prise de coude à coude, de 75 centimètres entre deux chevaux de selle, ou entre deux mulets voisins; l'intervalle entre deux voitures est variable, il se mesure de moyeu à moyeu.

Distance. — Espace qui sépare deux éléments d'une même file, ou deux troupes ou fractions de troupes, établies l'une derrière l'autre.

La distance entre les deux hommes à pied d'une même file est de 1 mètre de poitrine à dos (ou de poitrine à la partie postérieure du havresac). Entre deux mulets ou chevaux, elle est de 1 mètre, mesurée de la croupe de l'animal du 1er rang à la tête de l'animal du 2e rang.

Profondeur. — Espace occupé par une troupe dans le sens perpendiculaire au front.

Pour calculer la profondeur d'une troupe, on admet qu'un homme à pied occupe 35 centimètres sans havresac, 50 centimètres avec le havresac; un cheval ou un mulet, 2 mètres; une pièce attelée de 2 mulets, 8 mètres; un canon en batterie, 2m,50.

Formation ou ordre. — Placement régulier de toutes les fractions d'une troupe.

Dans toute formation, le *guide* assure la direction et règle la vitesse de la marche (à cheval, l'allure).

Serre-file. — Gradé placé en arrière ou à hauteur des derniers éléments d'une troupe et chargé de seconder le commandant de cette troupe pour la surveillance de la tenue du personnel et de l'exécution des mouvements.

Formations déployées. — Formations dans lesquelles les diverses fractions de la troupe sont placées sur la même ligne.

Formations en colonne. — Formations dans lesquelles les diverses fractions de la troupe sont placées les unes derrière les autres.

Le premier élément constitue la *tête de colonne*, le dernier la *queue*.

Aile. — L'extrémité de droite ou de gauche d'une troupe en formation déployée.

Flanc. — Côté de droite ou de gauche d'une troupe.

Alignement. — Disposition de front, sur une même ligne de plusieurs éléments individuels, ou de plusieurs troupes, ou fractions de troupe.

Une troupe peut s'aligner isolément ou sur le prolongement d'une troupe déjà établie.

Dans ce dernier cas, son chef se porte, lorsqu'il veut vérifier l'alignement, du côté opposé à celui qui est indiqué par le commandement.

Objectif. — Troupe ou obstacle qu'on se propose de battre par le tir. Il est dit *supposé*, lorsque sa direction et l'étendue de son front sont seulement indiquées d'une façon hypothétique.

Il est *figuré*, lorsqu'on n'emploie, pour le représenter, qu'un personnel relativement restreint, ou, s'il s'agit de tirer réellement, que des silhouettes ou des panneaux répartis sur le front.

Il est *représenté*, lorsqu'on fait agir l'un contre l'autre deux partis avec leur force effective, ou, s'il s'agit de tirer réellement, lorsque tous les éléments de la formation à combattre sont réellement représentés sur le terrain par des silhouettes, ou encore lorsque l'obstacle à détruire existe effectivement.

La droite et la gauche d'un objectif sont la droite et la gauche de l'observateur placé face à cet objectif.

ARTICLE II.

COMMANDEMENTS.

2. Les commandements peuvent être faits :

Soit à la voix employée seule.
Soit au geste, employé seul (avec ou sans le sabre).
Soit à la voix et au geste, employé simultanément.
Soit au sifflet, combiné ou non avec l'emploi du geste.
Soit enfin, tout à fait exceptionnellement à la sonnerie.

3. On distingue trois sortes de commandements :

Le **commandement d'avertissement**, qui sert de signal pour attirer l'attention.

Le **commandement préparatoire**, qui fait connaître le mouvement à exécuter.

Le **commandement d'exécution**, qui détermine l'exécution.

4. Pour commencer le travail, et, en général, toutes les fois qu'il prend le commandement, le commandant d'une troupe commande :

GARDE A VOUS.

A ce commandement, les hommes régularisent leur position. Les hommes à pied, s'ils sont en armes, et s'ils n'ont pas l'arme à la grenadière ou le sabre au fourreau, prennent la position de l'arme au pied.

5. Pour soulager l'attention des hommes et les faire reposer, le commandant de la troupe commande :

REPOS.

A ce commandement, les hommes restent en place, sans être tenus de garder l'immobilité ni la position, et maintiennent, s'il y a lieu, l'arme avec la main droite.

La position et l'immobilité sont reprises au commandement :

GARDE A VOUS.

6. Commandement à la voix. Règles d'intonation. — Le ton du commandement doit être animé, distinct et d'une étendue de voix proportionnée à la troupe que l'on commande.

On prononce le *commandement d'avertissement : Garde à vous* dans le haut de la voix, en appuyant sur la première syllabe, en soutenant la voix pour attaquer les deux suivantes, et en prolongeant plus ou moins sur la dernière tout en laissant baisser la voix.

Les *commandements préparatoires* ne doivent pas être entamés trop haut dans la voix, parce qu'il faut ensuite pouvoir monter pour le commandement d'exécution. Pour déterminer leur intonation, on a pris comme types la première partie des commandements : *En avant* = MARCHE; *Demi-tour à droite* = MARCHE; *Reposez* = ARME.

Le commandement *En avant* sert de type à tous les commandements préparatoires terminés par une consonne ou par une syllabe pleine. Toutes les syllabes sont prononcées dans le même ton, sauf la dernière qui est prononcée sur un ton plus élevé et sur laquelle on appuie un instant, pour descendre ensuite graduellement. Exemples : *Changez le pas; En batterie; Par pièce doublée.*

Le commandement : *Demi-tour à droite* sert de type à tous les commandements préparatoires terminés par une syllabe muette. Toutes les syllabes sont prononcées dans le même ton, sauf la dernière syllabe pleine qui est prononcée sur un ton plus élevé et sur laquelle on appuie un instant sans redescendre. Exemples : *A droite par quatre; Colonne; En bataille.*

La première partie du commandement *Reposez* = ARMES sert de type à la première partie des commandements du maniement des armes. Il se prononce sur un ton uniforme, en soutenant la voix sur la dernière syllabe.

Les commandements d'exécution sont prononcés d'un ton plus ferme et dans une note plus haute, mais d'après les mêmes principes d'intonation que les commandements préparatoires. Ils sont plus brefs à l'instruction à pied ou d'artillerie que dans les manœuvres de la batterie portée. Dans ces derniers cas, on prolonge le commandement d'exécution, parce que le mouvement qui doit le suivre devant se communiquer des hommes aux animaux, on évite ainsi les à-coups que produirait une exécution brusque.

Les commandements employés pour les assouplissements et pour certains mouvements de l'école du conducteur de mulet et du service des bouches à feu dans le tir, sont prononcés sur un ton d'indication, qui est moins élevé que celui du commandement et ne comporte pas d'intonation. Exemples : *Marchez, Arrêtez, Commencez, Tir percutant.*

7. Gestes. — Les commandements peuvent être faits au moyen de *gestes* qui sont exécutés avec la main, le sabre ou le mousqueton.

La direction et l'allure prises par le chef complètent son geste.

Les commandements au geste sont *précédés du geste* « Garde à vous » (geste d'avertissement). Ils comprennent, comme les commandements à la voix, un geste *préparatoire* et un geste d'*exécution*. Cependant, un seul geste détermine l'exécution du mouvement « en bataille », le « rassemblement » et l'« arrêt » (halte).

1° Geste d'avertissement.

Garde à vous. — Bras tendu verticalement.

2° Gestes entraînant l'exécution immédiate.

En bataille. — Elever le bras verticalement, l'incliner successivement plusieurs fois de droite à gauche.

Rassemblement. — Tenir le bras tendu verticalement, jusqu'à ce que le rassemblement soit en voie d'exécution.

Halte ou Arrêter. — Elever le bras tendu verticalement, l'abaisser complètement, la main dirigée vers la terre.

3° Gestes préparatoires.

En avant. — Tendre le bras dans la direction à suivre.

Au trot. Pas gymnastique. — Le bras demi-tendu, le poignet à hauteur de l'épaule, élever et abaisser plusieurs fois la main verticalement.

Au galop. — Exécuter plusieurs fois la rotation du bras d'avant en arrière.

Reprendre le pas. — Donner au bras tendu latéralement à hauteur de l'épaule, un mouvement lent et alternatif de haut en bas et de bas en haut.

Changer de direction en marchant. — Tendre le bras horizontalement du côté de l'aile marchante et le ramener par un mouvement circulaire continu vers la nouvelle direction, Indiquer cette direction au moment voulu par le geste d'exécution.

Oblique individuel. — Etendre le bras horizontalement dans la direction vers laquelle on marche, le ramener brusquement et toujours tendu dans la direction oblique que l'on veut prendre.

Demi-tour. — Le bras tendu verticalement, exécuter un moulinet du poignet.

Demi-tour à droite (gauche). — Comme pour demi-tour, puis étendre le bras horizontalement du côté du mouvement.

Modifier les intervalles. — Etendre le bras horizontalement en avant et l'agiter plusieurs fois de droite à gauche et réciproquement.

Contre-marche. — Exécuter un large moulinet de l'avant-bras au-dessus de la tête.

Par pièce doublée. — Etendre le bras horizontalement à droite, ramener le poignet à l'épaule, répéter plusieurs fois ce mouvement.

En batterie. — Placer l'avant-bras horizontalement au-dessus de la tête, la main à gauche.

4° GESTE D'EXÉCUTION.

Marche. — Le bras étant levé, comme pour le geste « Garde à vous », abaisser vivement la main à hauteur de l'épaule, le bras tendu horizontalement et dans la direction de la marche; se mettre en marche, quand il y a lieu, dans la direction et à l'allure indiquées.

8. Sifflet. — Les commandements au sifflet consistent en coups de sifflets brefs ou longs ou en trilles.

Garde à vous. . . . .   Coup long. . . . . ▬

En avant, au pas. . . . .   Coup bref. . . . .

Halte .... 2 coups longs .... ▬ ▬

Cessez le feu .... Coups longs séparés par 2 coups
brefs ▬ ▪ ▪ ▬ ▪ ▪ ▬ ▪ ▪

Ces commandements sont communs à toutes les armes.

Les signaux du sifflet, lorsqu'ils sont utilisés, doivent, autant que possible être accompagnés du geste correspondant, lorsque ce geste existe.

ARTICLE III.

SONNERIES.

9. Se reporter à l'instruction du 18 juin 1912 commune à toutes les armes.

ANNEXE II.

ORGANISATION DE L'ARTILLERIE.

1. A l'intérieur, les principales attributions de l'artillerie sont les suivantes :

1° Instruction et organisation des troupes de l'artillerie;

2° Fabrication des armes, des munitions et du matériel roulant de l'armée, à l'exception du matériel roulant du service du génie et du matériel technique des boulangeries de campagne (fours roulants et chariots-fournils);

3° Entretien du matériel et des munitions de guerre;

4° Construction et entretien des établissements spéciaux de l'artillerie et des magasins à poudre, dans les conditions d'attributions fixées pour l'arme;

5° Etudes qui se rattachent à l'organisation de la défense des places et des côtes (concurremment avec le génie).

2. Aux armées, l'artillerie est chargée :

1° Du service général des bouches à feu, de l'établissement et de la construction de toutes les batteries et, concurremment avec le génie, des reconnaissances qui se rattachent à l'attaque et à la défense des places;

2° De l'approvisionnement de l'armée en armes et en munitions de guerre, et des réparations du matériel de l'artillerie et des équipages militaires.

ARTICLE I.

Organisation de l'artillerie en temps de paix.

3. En temps de paix, l'artillerie française comprend :

1° 11 régiments d'artillerie à pied stationnés en France;

2° 62 régiments d'artillerie de campagne stationnés en France;

3° 2 régiments d'artillerie de montagne stationnés en France;

4° 7 groupes autonomes d'artillerie, dont 2 à pied et 5 de campagne, stationnés en Algérie-Tunisie;

5° Un état-major particulier.

4. Les régiments d'artillerie à pied et de campagne comprennent des batteries, des sections d'ouvriers d'artillerie et, s'il y a lieu, des compagnies d'ouvriers.

5. Batteries à pied. — Les batteries à pied sont destinées au service des bouches à feu dans la guerre de siège, la défense des places et celle des côtes; les officiers seuls sont montés.

6. Batteries montées. — Les batteries montées comprennent des servants à pied, pour le service des bouches à feu, et des conducteurs chargés d'atteler les voitures. La possibilité qu'elles ont de faire monter les servants sur les coffres leur permet de se déplacer en employant l'allure du trot.

7. Batteries à cheval (1). — Dans ces batteries, les hommes destinés au service de la bouche à feu sont montés sur des chevaux de selle.

Elles sont plus mobiles que les batteries montées, et peuvent accompagner la cavalerie en toutes circonstances.

8. Batteries de montagne. — Les batteries de montagne sont armées de matériel pouvant être porté à dos de mulet.

Elles comprennent des canonniers qui peuvent tous être employés indistinctement au service des pièces ou à la conduite des mulets.

Ces batteries sont employées dans la guerre en pays de montagne ou dépourvus de routes.

9. Sections d'ouvriers. — Les sections d'ouvriers sont chargées, dans les établissements d'artillerie désignés par le Ministre de l'entretien et des menues réparations du matériel de l'arme, du service des munitions, de la conduite des voitures automobiles, etc.

10. État-major particulier de l'artillerie. — L'état-major particulier de l'artillerie comprend un personnel de direction, formé par les officiers, et un personnel d'exécution, composé des officiers d'administration du service de l'artillerie, des officiers d'administration contrôleurs d'armes, des ouvriers d'état et des gardiens de batterie.

---

(1) Les batteries à cheval sont au nombre de 16; elles sont affectées, par groupes de deux, aux divisions de cavalerie.

ARTICLE II.

COMPOSITION ET FRACTIONNEMENT DE LA BATTERIE
DE MONTAGNE SUR LE PIED DE PAIX.

11   Composition de la batterie.

BATTERIES.	BATTERIE de 65 DE MONTAGNE type de France.
1° OFFICIERS.	
Capitaine commandant.................	1
Lieutenants ou sous-lieutenants..........	2
TOTAL des officiers....	3
2° TROUPE.	
Adjudant-chef ou adjudant.............	1
Maréchal des logis chef...............	1
Maréchaux des logis (dont 1 maréchal des logis mécanicien).	7
Maréchal des logis fourrier...........	1
Maréchal des logis maréchal ferrant (1)	»
Brigadiers (dont 1 faisant fonctions de fourrier)....	7
Brigadier maréchal ferrant (1)............	1
Maîtres pointeurs....................	6
Maître ouvrier en fer................	1
Ouvriers mécaniciens.................	2
Bourreliers.........................	2
Aides maréchaux....................	2
Trompettes.........................	2
TOTAL des hommes du cadre.........	33
Canonniers (2) { Servants..	97
{ Conducteurs..................	
TOTAL.................	130 (3)
CHEVAUX... { d'officiers	4
{ de selle.................	4
{ d'attelage.................	6
MULETS............................	70
TOTAL.................	84

Chaque batterie compte dans le rang :
    1 canonnier ouvrier bottier ;
    1 canonnier ouvrier tailleur ;
    1 canonnier ouvrier bourrelier ;
    1 canonnier élève maréchal ferrant.

(1) Dans chaque régiment de montagne, deux des batteries ont un maréchal des logis maréchal ferrant et les autres un brigadier maréchal ferrant.
(2) Le nombre des soldats de 1re classe est de 1/5e de l'effectif des canonniers (hommes du cadre et service auxiliaire non compris).
(3) Chaque batterie peut recevoir en sus de l'effectif désigné ci-contre des hommes du service auxiliaire en nombre variable suivant les ressources du recrutement.

12. *Composition de la batterie de montagne d'Afrique*
à 3 sections
et de la section de montagne d'Afrique isolée,
sur le pied de paix.

PERSONNEL.	BATTE RIE.	SECTION ISOLÉE.
1	2	3
OFFICIERS.		
Capitaine commandant.............	1	»
Lieutenants ou sous lieutenants.............	2	1
TROUPE.		
Adjudant-chef ou adjudant.............	1	»
Maréchal des logis chef.............	1	»
Maréchal des logis fourrier.............	1	1 (¹)
Maréchal des logis mécanicien.............	1	»
Maréchaux des logis.............	6	2
Brigadiers (dont 1 faisant fonctions de fourrier)	7	2
Brigadier maréchal ferrant.............	1	1
Aides maréchaux ferrants.............	2	
Maîtres pointeurs.............	6	2
Maître ouvrier en fer.............	1	1
Ouvriers mécaniciens.............	2	
Bourreliers.............	2	1
Trompettes.............	2	1
Servants.............	48	16
Conducteurs.............	93 (²)	31 (³)
TOTAUX.............	174 (⁴)	58
Chevaux d'officiers.............	4	1
Chevaux de selle.............	16	5
Mulets.............	90	30
TOTAUX.............	110	36

Le personnel et les animaux de la batterie sont répartis entre les 3 sections; ceux de la section entre les 2 pièces.

(1) Pour être remplacé par 1 brigadier.
(2) Dont 3 ordonnances.
(3) Dont 1 ordonnance.
(4) Dont { 1 ouvrier tailleur.
{ 1 ouvrier bottier.
{ 1 élève bourrelier (2 si la batterie a 2 sections détachées).
{ 1 élève maréchal ferrant.

13. Répartition du personnel de la batterie sur le pied de paix. — Le personnel de la batterie sur le pied de paix est réparti en pelotons de pièce, commandés chacun par un maréchal des logis.

Les quatre premières pièces ont, autant que possible, la même composition en hommes que les pièces correspondantes de la batterie sur le pied de guerre.

Le personnel non compris à la mobilisation dans les quatre premières pièces est réparti, suivant son effectif, en un ou deux pelotons de pièce. Les hommes du service auxiliaire, sont, en principe, classés dans ces pièces, ainsi que le personnel désigné pour passer à une autre unité en cas de mobilisation.

En principe, les chevaux et les mulets sont classés, dès le temps de paix, dans les pièces auxquelles ils doivent appartenir à la mobilisation.

ARTICLE III.

NOTIONS SOMMAIRES SUR LA MOBILISATION.

I. — Considérations générales.

14. La mobilisation est le passage du pied de paix au pied de guerre.

Armée active. — Certaines unités du pied de guerre n'existent pas en temps de paix; ces unités nouvelles reçoivent, des unités du pied de paix qui sont désignées pour contribuer à leur formation, un certain nombre d'officiers, de gradés, d'hommes et de chevaux appartenant à l'effectif de paix de celle-ci. L'ensemble des éléments actifs ainsi passés à chaque unité de nouvelle formation s'appelle le *noyau* de cette unité.

La mobilisation de l'artillerie de l'armée active consiste :

1° A créer les unités de nouvelle formation et à leur passer leur noyau;

2° A porter à l'effectif de guerre toutes les unités, aussi bien les unités actives que celles de nouvelle formation, par l'appel à l'activité des officiers, des cadres et des hommes de la réserve, et par l'incorporation des chevaux de réquisition.

Armée territoriale. — L'armée territoriale fournit, en cas de mobilisation, des batteries, des sections de munitions et des sections de parc, et comprend, en outre, des batteries de dépôt.

La mobilisation de l'artillerie territoriale consiste à organiser toutes ces batteries au complet de guerre, par l'appel à l'activité des officiers, des cadres et des soldats de l'armée territoriale, et par l'incorporation des chevaux de réquisition.

II. — Préparation de la mobilisation.

15. La mobilisation est préparée dès le temps de paix.

Chaque corps est complété en hommes de troupe au moyen de ressources qui lui sont spécialement réservées. Ces hommes sont répartis entre les unités du corps dès le temps de paix. L'affectation ainsi donnée à chacun d'eux est portée sur son livret matricule et sur son livret individuel. Chaque unité active conserve, dès le temps de paix les livrets matricules des réservistes qui lui sont affectés à la mobilisation. Ces réservistes sont répartis par pièce, suivant leur grade et leurs aptitudes.

Les besoins en chevaux et mulets des corps de troupe sont assurés au moyen des ressources existant en temps de paix et, pour le complément, par des ressources demandées à la réquisition.

Les animaux de réquisition sont expédiés sur les différents corps, à la mobilisation, par les soins de commissions de réquisition.

A leur arrivée au corps, les animaux sont présentés à des commissions de réception qui les répartissent entre les diverses unités et les livrent à celles-ci. Des sous-officiers sont chargés, dans chaque unité, de conduire auprès des commissions de réception les hommes désignés pour prendre possession des animaux et d'assurer la conduite de ces animaux jusqu'au lieu de mobilisation de l'unité.

Le matériel et les divers approvisionnements nécessaires sont constitués dès le temps de paix. Les sous-officiers doivent connaître leurs emplacements et les itinéraires pour s'y rendre.

Chaque capitaine commandant possède un carnet de mobilisation sur lequel sont portés les renseignements relatifs à la mobilisation de son unité, et un tableau des opérations à exécuter chaque jour. En outre, les ordres de service nécessaires aux chefs des diverses corvées sont préparés dès le temps de paix. Les détails de ces opérations peuvent donc être facilement étudiés à l'avance par les sous-officiers qui seront chargés de les diriger.

III. — Exécution de la mobilisation.

16. Ordre de mobilisation. — Toutes les opérations de la mobilisation sont réglées par jour; il suffit donc de connaître la date du premier jour de la mobilisation.

Cette date est fixée par l'ordre de mobilisation, qui est affiché dans toutes les communes de France.

17. Opérations de la mobilisation. — Les principales opérations de la mobilisation, à l'exécution desquelles les sous-officiers ont tous à concourir dans les limites de leurs attributions respectives, sont, outre la conduite des détachements de chevaux et mulets dont il a été question ci-dessus, et les corvées journalières de vivres et de fourrages :

La distribution de la collection n° 1 des effets d'habillement aux hommes de l'armée active;

Le remplacement des effets qui ne sont pas en état d'être emportés en campagne;

L'installation dans le cantonnement de mobilisation;

La réception des réservistes et leur répartition entre les pièces;

La perception du lot d'habillement de réserve, l'habillement des réservistes, et le marquage de leurs effets;

La perception des armes et des cartouches et leur distribution;

La réception des animaux de réquisition, leur classement dans les pièces;

La mise en état de leur ferrure;

La perception du harnachement de réserve et son ajustage;

La perception et le graissage du matériel;

La perception des vivres du sac et de débarquement;

La confection des paquetages;

Le versement au magasin des effets civils des réservistes, s'il y a lieu, et celui des effets de toute sorte qui ne doivent pas être emportés en campagne.

Les sous-officiers d'approvisionnement sont, en outre, employés, sous les ordres des officiers d'approvisionnement, au chargement des trains régimentaires.

ARTICLE IV.

PIED DE GUERRE.

I. — Organisation intérieure de la batterie de montagne de 65 (type de France) sur le pied de guerre.

18. Le personnel de la batterie est réparti en 9 pelotons de pièce. Chaque pièce est commandée par un *maréchal des logis*, assisté de un ou de deux *brigadiers*.

Chacune des quatre premières pièces transporte un canon et 4 paires de caissos; la 1ʳᵉ pièce transporte, en outre, des outils et des instruments;

La 5ᵉ pièce transporte 12 paires de caisses à munitions;

La 6ᵉ pièce transporte 12 paires de caisses à munitions;

La 7ᵉ pièce transporte des caisses de transport, les cantines médicales, des cacolets, de l'avoine;

La 8ᵉ pièce transporte des outils, des caisses de transport, la forge, des cacolets, de l'avoine;

La 9ᵉ pièce attelle le train régimentaire qui comprend des mulets d'avoine, de vivres et de bagages, ainsi que 3 fourgons à vivres.

Les mulets de matériel et les 2 premiers mulets de caisses de chacune des quatre premières pièces constituent la *batterie de tir* sous les ordres du 1ᵉʳ lieutenant de l'armée active.

Les 3ᵉ et 4ᵉ mulets de caisses de chacune des quatre premières pièces constituent un *élément de premier ravitaillement*, sous les ordres du maréchal des logis mécanicien. Le mulet d'outils de la 1ʳᵉ pièce et le mulet d'instruments marchent avec cet élément toutes les fois que le capitaine ne leur donne pas l'ordre de marcher avec la batterie de tir.

Les 5ᵉ, 6ᵉ, 7ᵉ et 8ᵉ pièces constituent *l'échelon*, sous le commandement de l'officier de réserve, qui a l'adjudant sous ses ordres, et qui prend également le commandement du *train régimentaire* lorsque celui-ci est réuni à la batterie.

Les tableaux I et II ci-joints font connaître la répartition du personnel et des animaux de la batterie entre ses différentes pièces.

TABLEAU N° I.

19. Répartition du personnel en 9 pelotons de pièce.
(Batterie sur pied de guerre).
Officiers : 1 capitaine, 3 lieutenants ou sous-lieutenants
(dont 1 de réserve).

PERSONNEL.	1re.	2e.	3e.	4e.	5e.	6e.	7e.	8e.	9e.	TOTAUX
Adjudant-chef ou adjudant.............	»	»	»	»	1 m	»	»	»	»	1
Médecin auxiliaire....	»	»	»	»	»	»	»	1 m	»	1
Vétérinaire auxiliaire.	»	»	»	»	»	»	»	1 m	»	1
Maréchal des logis chef.	»	1 m	»	»	»	»	»	»	»	1
Maréchaux des logis...	1	1	2(3)	1	1	1	1	1	1(4)	10
Maréchal des logis mécanicien.............	»	»	»	1	»	»	»	»	»	1
Maréchal des logis fourrier................	»	»	»	»	»	1m(7)	»	»	»	1
Brigadiers............	2(1)	2(2)	1	1	1	1	1	1	1	11
Maréchal des logis ou brigadier maréchal-ferrant	»	»	»	»	»	»	1 m	»	»	1
Trompettes	1	»	1(4)	»	1(5)	»	»	»	»	3
Ouvriers.............	»	»	»	»	1	1	1	1	»	4(6)
Bourreliers...........	»	»	»	»	»	»	1	1	»	2
Aides maréchaux......	»	»	»	»	1	1	»	»	»	2
Infirmier.............	»	»	»	»	»	»	1	»	»	1
Brancardiers.........	»	»	»	»	»	»	2	2	»	4
Canonniers. Servants......	10(8)	6(9)	10(5)	10(9)	4	4	5	6	5	63
Canonniers. Muletiers.....	10	5	8	8	12	12	8	10	10	86
Canonniers. Fourgonniers.	»	»	»	»	»	»	»	»	3	3
Canonniers. Ordonnances..	»	1(10)	»	1(10)	»	1(11)	»	1(10)	»	4
TOTAUX..........	24	23	22	22	22	22	21	24	20	200

(1) Dont 1 brigadier de tir faisant fonctions de fourrier (m).
(2) Dont 1 éclaireur ; les éclaireurs sont chargés de l'installation du téléphone.
(3) Monté adjoint à l'officier d'approvisionnement.
(4) Éclaireur.
(5) Détaché auprès d'un officier supérieur ou disponible.
(6) Dont au moins 1 maître ouvrier en fer et 1 ouvrier en bois.
(7) Agent de liaison du commandant du groupement de batteries s'il y a lieu.
(8) Dont 1 maître pointeur, 1 éclaireur, 1 lunetier.
(9) Dont 1 maître pointeur, 1 éclaireur, 1 télémétreur.
(10) Ordonnance du chef de section.
(11) Ordonnance du capitaine.
(12) Dont 1 pour l'élément de premier ravitaillement.
(m) Monté.

N. B. — Les batteries de montagne de Corse n'ont ni médecin auxiliaire, ni vétérinaire auxiliaire, ni mulets de vivres, avoine et bagages, ce qui réduit leur effectif à 185 hommes (elles ont 4 conducteurs haut-le-pied au lieu de 3).

TABLEAU N° II.

20. Répartition des animaux en 9 pelotons de pièce.

ANIMAUX.	1re.	2e.	3e.	4e.	5e.	6e.	7e.	8e.	9e.	TOTAUX.
Mulets de canon........	1	1	1	1	»	»	»	»	»	4
— de frein........	1	1	1	1	»	»	»	»	»	4
— de roues........	1	1	1	1	»	»	»	»	»	6
— de flèche........	1	1	1	1	»	»	»	»	»	4
— de caisses à munitions.........	4	4	4	4	12	12	»	»	»	40
— d'instruments..	1	»	»	»	»	»	»	»	»	1
— d'outils.........	1	»	»	»	»	»	»	1	»	2
— de caisses de transport.......	»	»	»	»	»	»	2	3	»	5
— de cantines médicales.........	»	»	»	»	»	»	1	»	»	1
— de forge........	»	»	»	»	»	»	»	1	»	1
— cacolets........	»	»	»	»	»	»	1	1	»	2
— d'avoine........	»	»	»	»	»	»	2(1)	2(1)	4	8
— bâtés (h. l. p.)..	»	»	»	»	»	»	1	1	»	2
— nus.............	»	»	»	»	»	»	1	1	»	2
— de vivres.......	»	»	»	»	»	»	»	»	4	4
— de bagages.....	»	»	»	»	»	»	»	»	2	2
Totaux des mulets...	10	8	8	8	12	12	8	10	10	86(3)
Chevaux d'officier......	»	1	»	1	»	2	»	1	»	5
— de selle.......	1	1	»	»	1	1	1	2	1	8
— d'attelage.....	»	»	»	»	»	»	»	»	6	6
Totaux des chevaux..	1	2	»	1	1	3	1	3	7	19(3)

(1) Avoine de réserve.
(2) 72 dans les batteries de Corse.
(3) 17 dans les batteries de Corse.

TABLEAU III.

20 bis. *Composition de la batterie de montagne d'Afrique et de la section de montagne d'Afrique isolée,* sur le pied de guerre.

PERSONNEL. 1	BATTERIE. 2	SECTION ISOLÉE. 3
OFFICIERS		
Capitaine commandant.........................	1	»
Lieutenants ou sous-lieutenants...............	3	1(1)
TROUPE.		
Adjudant-chef ou adjudant....................	1	»
Maréchal des logis chef.......................	1	»
Maréchaux des logis fourriers.................	2	1
Maréchal des logis mécanicien.................	1	»
Maréchaux des logis...........................	9	3
Brigadiers....................................	9	3
Brigadier maréchal ferrant....................	1	} 1
Aides-maréchaux ferrants......................	2	
Maîtres pointeurs.............................	6	2
Maître ouvrier en fer.........................	1	} 1
Ouvriers mécaniciens..........................	2	
Bourreliers...................................	3	1
Trompettes...................................	3	1
Servants.....................................	64(2)	21(3)
Conducteurs..................................	133(4)	44(5)
TOTAUX...................	238	78
Chevaux d'officiers...........................	5	1
Chevaux de selle.............................	20	6
Mulets.......................................	129	43
TOTAUX..................	154	50

Le personnel et les animaux de la batterie sont répartis entre les 3 sections. Ceux de chaque section sont répartis entre les 2 pièces

(1) De l'armée active.
(2) Dont 3 infirmiers.
(3) Dont 1 infirmier.
(4) Dont 4 ordonnances.
(5) Dont 1 ordonnance.

TABLEAU IV.

20 ter. Répartition des 43 mulets de la section de 65
de montagne isolée,
sur le pied de guerre.

ANIMAUX.	SECTION de tir.	ÉCHELON de combat.	TRAIN régimentaire.	TOTAUX.
1	2	3	4	5
Mulets de pièces..........	2	»	»	2
Mulets de frein..........	2	»	»	2
Mulets de roues..........	2	»	»	2
Mulets de flèches..........	2	»	»	2
Mulets de caisses à munitions.	8	12	»	20
Mulets d'instruments..........	1	»	»	1
Mulets d'outils..........	1	»	»	1
Mulets de caisses de transport..	»	3	»	3
Mulet de forge..........	»	1	»	1
Mulet de bagages..........	»	»	1	1
Mulets d'avoine..........	»	2	2	4
Mulets de vivres..........	»	»	2	2
Mulet bâté haut-le-pied........	»	1	»	1
Mulet nu..........	»	1	»	1
TOTAUX..........	18	20	5	43

NOTA. — L'officier commandant la section désigne les commandants de
l'échelon de 1er ravitaillement, de l'échelon et du train régimentaire.

21. Sections mixtes de munitions (1). — Dans chaque section mixte de munitions, le personnel est groupé en six pelotons de pièce.

Les 1" et 2" pièces constituent la colonne muletière; la 1" pièce comprend les mulets porteurs de munitions d'infanterie; la 2" pièce comprend les mulets porteurs de munitions de 65 ainsi que les mulets haut-le-pied.

Les 3" et 4" pièces sont chargées de la conduite de toutes les voitures portant des munitions d'infanterie; ces voitures sont également réparties entre les deux pièces.

Les 5" et 6" pièces comprennent les voitures portant les munitions de 65, les attelages haut-le-pied et le train régimentaire.

Cette organisation est arrêtée par le capitaine commandant au moment de la formation de l'unité d'après les indications portées sur le carnet de mobilisation.

(1) Voir titre VII, chapitre VI.

ANNEXE III.

INSPECTIONS, REVUES, DÉFILÉS, HONNEURS[1].

ARTICLE I.

DISPOSITIONS GÉNÉRALES.

1. L'autorité qui passe la revue ou l'inspection en fixe l'heure et le lieu; elle fait connaître la tenue et la formation qui seront prises. La troupe lui est présentée par son chef.

Si la revue est passée par le chef même de la troupe, cette dernière lui est présentée par l'officier le plus élevé en grade ou le plus ancien dans le grade le plus élevé.

Pour l'inspection du chef d'escadron, les capitaines commandants accompagnent cet officier supérieur, lorsqu'il inspecte leur batterie. Pour l'inspection du régiment, passée par le chef de corps, les chefs d'escadron accompagnent le chef de corps lorsqu'il inspecte les batteries sous leurs ordres.

2. En arrivant sur le terrain, la troupe est disposée dans la formation prescrite et sur l'alignement déterminé à l'avance par le commandement. Si elle arrive avant les unités sur lesquelles elle doit se régler pour l'alignement, elle est arrêtée et mise au repos, assez loin de l'emplacement à occuper, pour ne pas gêner les troupes voisines.

Dès que la personne à laquelle sont rendus les honneurs arrive sur le terrain, le commandant des troupes qui, au préalable, a fait mettre la baïonnette au canon et le sabre à la main, fait exécuter le *Garde à vous* par les trompettes. A ce signal, on fait mettre l'arme sur l'épaule droite et porter le sabre.

Le commandant des troupes se porte ensuite vivement et seul à la rencontre de la personne à laquelle on rend les honneurs, la salue du sabre lorsqu'il arrive à 10 pas d'elle,

---

[1] Consulter également l'Instruction du 15 avril 1905 pour les revues et défilés des troupes de toutes armes.

se range à gauche et se maintient à portée de recevoir ses ordres. Il lui cède le côté des troupes pendant la revue.

Le commandant des troupes n'est suivi que par son chef d'état-major ou, à défaut, par un officier désigné à cet effet. Celui-ci marche à la hauteur du chef d'état-major de la personne qui passe la revue, du côté opposé à la troupe.

3. Les officiers, l'étendard et les trompettes se conforment, pour les honneurs à rendre, au décret portant règlement sur le service de place. (Art. 123, 124 et 125.)

Au moment où la personne qui passe la revue arrive à la droite de la première ligne, le premier groupe de trompettes, et, successivement tous les autres groupes cessent de sonner.

Les officiers et les hommes fixent du regard la personne qui passe la revue, au moment où elle arrive à leur hauteur.

4. En toutes circonstances, l'étendard est escorté par deux sous-officiers placés l'un à droite, l'autre à gauche du porte-étendard.

Pour une revue ou une inspection, l'étendard est placé entre deux groupes, sur l'alignement du premier rang, au centre du régiment, ou à droite du groupe du centre, suivant que le nombre des groupes est pair ou impair; à cet effet, l'intervalle dans lequel il se trouve est augmenté de 6 pas.

En marche, l'étendard est placé au centre du régiment.

Pour un défilé, l'étendard marche à 3 pas derrière les officiers adjoints au chef de corps.

5. Pour une revue ou une inspection, le chef de corps (ayant comme adjoint un capitaine de l'état-major du régiment), les officiers du régiment sans commandement, le sabre au fourreau, sur un rang, les trompettes sur deux rangs, sont placés conformément à la figure 1.

Le peloton hors rang se place sur l'alignement et à gauche du dernier groupe de batteries, à 15 pas d'intervalle.

Il est formé sur deux rangs, par grade, de la droite à la gauche, les adjudants seuls en serre-files. L'officier d'habillement se place, par rapport au peloton, comme il est prescrit pour les capitaines commandants dans les batteries.

S'il y a plusieurs régiments, le général de brigade, son état-major et l'escorte sont placés à droite du colonel commandant le premier régiment, conformément aux indications contenues dans l'Instruction du 13 avril 1905 pour les revues et défilés des troupes de toutes armes.

La musique, s'il y a lieu, se place derrière les trompettes du premier régiment.

L'ordre qui prescrit la formation à prendre indique aussi l'emplacement du second régiment par rapport au premier.

6. Pendant le défilé, les officiers qui ne sont pas pourvus d'un commandement gardent le sabre au fourreau et sont placés sur un rang, par ordre de grade et d'ancienneté, de la gauche à la droite si l'on défile guide à droite, et inversement dans le cas contraire; l'officier le plus élevé en grade se tient à 6 pas en arrière et à droite (gauche) de la personne devant laquelle on défile.

Le commandant de la troupe, après avoir salué du sabre, va se placer en face de la personne à laquelle on rend les honneurs et à 20 pas environ en dehors du flanc de la colonne.

7. Les sous-officiers, brigadiers et canonniers conservent la tête directe en défilant. Les officiers et les chefs de sections tournent la tête du côté de la personne devant laquelle on défile, fixent les yeux sur elle en arrivant à sa hauteur, et replacent la tête dans la position directe lorsqu'ils l'ont dépassée de quelque pas.

Les troupes d'artillerie de montagne ne défilent qu'à pied ou avec leur matériel.

ARTICLE II.

FORMATIONS ET MANŒUVRES D'UNE TROUPE D'ARTILLERIE DE MONTAGNE POUR UNE REVUE A PIED, DÉFILÉ A PIED.

8. Lorsque des troupes d'artillerie de montagne sont appelées exceptionnellement à prendre part à des revues à pied elles peuvent avoir à se rassembler et à manœuvrer avec des effectifs supérieurs à celui de la section (batterie, groupe, etc.).

La batterie et les unités plus fortes se rassemblent, marchent et manœuvrent d'après les mêmes principes.

I. — Formation de la batterie et des unités plus fortes.

9. La batterie comprend, suivant son effectif, deux, trois ou quatre sections composées comme il est dit à l'école de section et ayant, autant que possible, le même nombre de fractions de quatre.

Les gradés comptent dans le rang aux extrémités.

Le groupe se compose de deux ou trois de ces batteries.

Le régiment comprend plusieurs groupes.

Ordre en bataille.

10. Dans la batterie, les sections en bataille sont formées sur le même front, sans intervalle; les chefs de section à la droite de leur section, le capitaine à 2 pas à la droite du chef de la 1ᵉ section, tous sur l'alignement du premier rang.

Dans le groupe, les batteries à 6 pas d'intervalle; le chef d'escadron à 4 pas à droite du capitaine commandant la batterie de droite.

Dans le régiment, les groupes à 15 pas d'intervalle; le chef de corps (et s'il y a lieu les officiers sans commandement) à 6 pas à droite du commandant du 1ᵉ groupe.

Ordre en colonne par section.

11. Dans la batterie, les sections en bataille sont formées les unes derrière les autres à une distance égale à un front de section, le capitaine à 6 pas en avant du chef de la 1ᵉ section, les chefs de section à 4 pas devant le centre de leur section.

Dans le groupe, les batteries à une distance égale à un front de section plus 6 pas, le chef d'escadron à 3 pas en avant du capitaine commandant la 1ᵉ batterie.

Dans le régiment, les groupes à une distance égale à un front de section plus 15 pas, le chef de corps en avant du commandant du 1ᵉ groupe.

Ordre en colonne serrée.

12. Même formation que dans l'ordre en colonne par section, mais les distances entre les unités sont réduites à 4 pas. Les chefs d'escadron et les capitaines se placent en dehors de la colonne et sur un des flancs; les chefs de section, à un pas en avant de leur section.

Ordre en colonne par quatre.

13. Dans la batterie, les sections en colonne par quatre sont placées les unes derrière les autres à un mètre de distance, les chefs de section à côté et à gauche de la première fraction de quatre de leur section, le capitaine à 4 pas en avant de la section de tête.

Dans le groupe, les batteries à 6 pas de distance.

Dans le régiment, les groupes à 15 pas de distance.

II. — Manœuvre de la batterie et des unités plus fortes.

La batterie et les unités plus fortes exécutent au commandement de leur chef et dans les formations qui leur sont propres, tous les mouvements prescrits pour la section.

Alignements.

14. Dans les formations en bataille, les alignements sont pris du côté de l'unité qui a été désignée comme base; dans les formations en colonnes, parallèlement à l'unité de tête et sur le centre.

L'unité de base ou celle de tête peut être placée préalablement sur la nouvelle ligne.

Exemple :

> Sur telle (unité) = ALIGNEMENT, FIXE.

Marches et changements de direction.

15. Dans les *marches*, le chef désigne l'unité de direction; il se place devant elle pour la conduire ou lui indique nettement et à haute voix la direction à suivre.

Les unités subordonnées règlent leur mouvement sur ceux de l'unité de direction. Elles se maintiennent sensiblement à la place qu'elles doivent occuper dans la formation prescrite en conservant toutefois la faculté de s'en écarter lorsque les circonstances l'exigent. Elles reprennent leur place normale dès qu'elles le peuvent.

Dans les *changements de direction*, l'unité de base change de direction comme si elle était isolée; les autres unités se conforment à son mouvement.

Passer d'une formation à une autre.

16. Les unités passent d'une formation à une autre dans toutes les directions, le plus généralement en se portant en avant ou en continuant à marcher.

Les changements de formation peuvent également être exécutés sur place ou en s'arrêtant.

Le chef indique l'unité de base, à moins qu'il ne soit placé devant elle, il donne, s'il y a lieu, les indications relatives à l'exécution du mouvement et énonce, dans le commandement préparatoire, la formation à prendre. Le cas échéant, il complète le commandement par l'indication du nouveau front.

Exemples :

> Colonne par quatre = MARCHE;
>
> Colonne par section = MARCHE;
>
> Colonne serrée face à gauche (droite) = MARCHE;
>
> En bataille face à gauche (droite) = MARCHE.

Si la formation doit être prise sur place, il prévient l'unité de base qu'elle ne doit pas bouger; il fait faire préalablement demi-tour si, exceptionnellement, elle doit être prise face en arrière.

Au commandement : MARCHE l'unité de base se conforme aux indications données; les unités subordonnées sont conduites à la place qu'elles doivent occuper au commandement de leurs chefs et à l'aide des mouvements réguliers les plus simples.

Si la formation doit être prise en s'arrêtant, le commandement : HALTE est substitué à celui de MARCHE.

Dans les mouvements exécutés en marchant, l'unité de base ralentit l'allure ou s'arrête pour permettre aux unités subordonnées de gagner leur place

Lorsque, exceptionnellement, l'unité de base, sur l'ordre du chef, maintient son allure ou l'accélère, les unités subordonnées se conforment immédiatement à son mouvement.

III. — Revue à pied.

17. Les troupes sont formées en bataille.

Les places de l'officier adjoint des officiers sans commandement, et des trompettes sont indiquées figure 1.

Revues à pied.

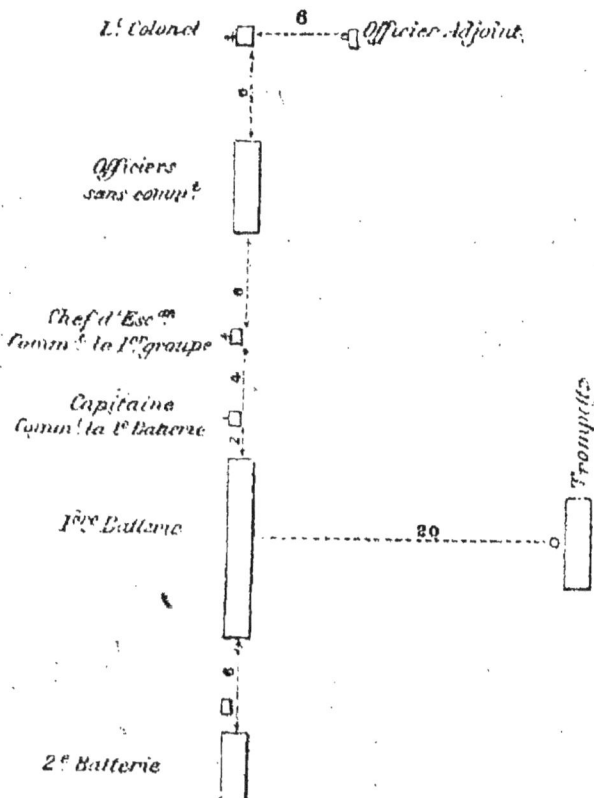

OBSERVATIONS. — *Les groupes sont à 15 pas d'intervalle.*

Fig. 1.

IV. — Défilé à pied (fig. 2).

18. Le défilé à pied se fait en colonne par section, l'arme (1) sur l'épaule droite et au repos du sabre.

19. Le commandant de la troupe fait placer dans chaque élément de la colonne un gradé du côté de la personne devant laquelle on va défiler; ces gradés devront servir de guides pendant la marche. Il fait disposer ensuite des ja-

---

(1) Pour les honneurs et le salut du sabre, voir les articles 123, 124 et 125 du règlement du 7 octobre 1909 sur le service des places.

DÉFILÉ A PIED DE L'ARTILLERIE.

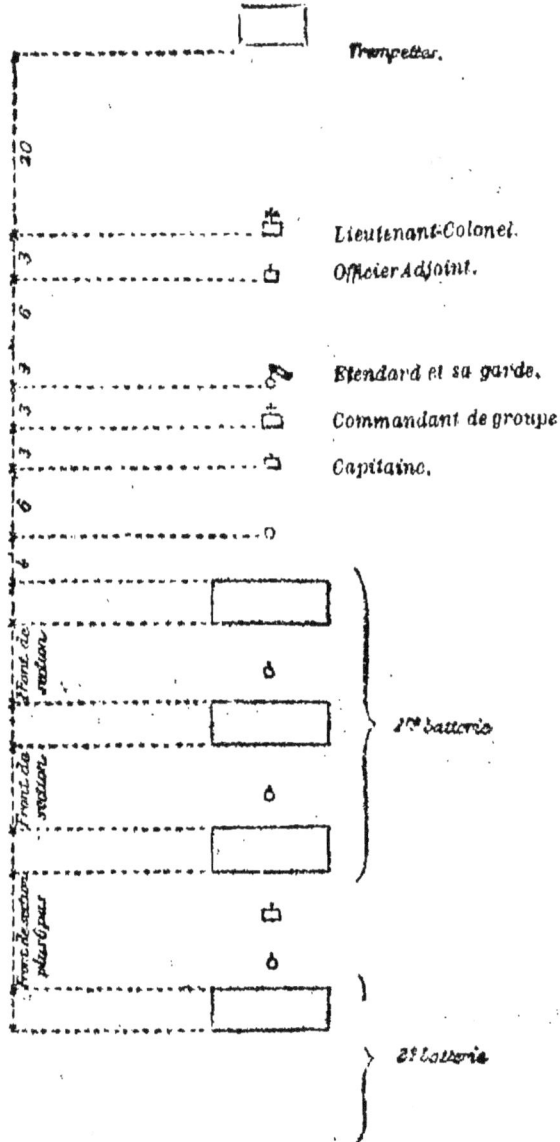

OBSERVATIONS. — *La distance entre les groupes est d'un front de section, plus 15 pas.*

Fig. 2.

lonneurs en avant sur le prolongement de la direction que
devront prendre les guides.

Puis il commande :

> Pour défiler, en avant, guide à droite (gauche) = MAR-
> CHE.

Au commandement préparatoire, les serre-files se placent
au 1ᵉʳ rang, du côté opposé à celui qui est indiqué pour le
guide.

Les sections se mettent toutes en marche au commandement d'exécution de l'officier qui fait défiler.

Si les troupes ont été préalablement massées en colonne
serrée, la formation en colonne par section est reprise au
commandement d'exécution de l'officier qui fait défiler.

Les trompettes commencent à jouer à environ 60 pas de
la personne à qui l'on rend les honneurs; lorsqu'ils ont dépassé cette personne de 30 pas, le maréchal des logis trom-
pette les fait déboîter de la colonne du côté opposé au guide;
arrivé à hauteur de l'officier qui fait défiler, il les fait tourner et l'établit face au flanc de la colonne.

Les trompettes jouent pendant tout le temps du défilé.

20. Si l'artillerie défile avec une troupe d'infanterie, elle
tient compte des règles suivantes (1) :

Les distances sont de 30 pas entre les régiments;

La distance d'une arme à l'autre est de 100 mètres.

Chaque régiment d'infanterie défile avec sa musique. L'artillerie défile avec la musique d'une des brigades d'artillerie.

Lorsque l'artillerie défile sans musique, chaque régiment
défile avec ses trompettes.

ARTICLE III.

REVUES ET DÉFILÉS D'UNE TROUPE D'ARTILLERIE AVEC SON MATÉRIEL.

I. — Revues.

21. En principe, les troupes d'artillerie se présentent aux
revues avec des batteries de 4 pièces, composées chacune
de 1 canon et de 2 paires de caisses.

Les batteries sont disposées dans une des formations prescrites pour la batterie de tir (Titre VI).

Elles sont alignées sur une unité désignée comme base
ou sur des jalonneurs préalablement placés.

---

(1) Voir l'Instruction précitée du 15 avril 1903.

Au commandement :

Chefs de pièce, sur la ligne.

les chefs de pièce, dans chaque batterie, se portent sur le front de leur batterie.

Au commandement :

ALIGNEMENT,

les éléments de chaque pièce se mettent en mouvement, les conducteurs de mulet de canon se placent à hauteur de leurs chefs de pièce, les autres conducteurs serrent à leur distance.

Les capitaines se placent, dans les formations en bataille, au centre de la batterie; dans les formations en colonne, à 2 mètres à droite de la pièce de droite, sur l'alignement des chefs de section (1). Dans les deux cas, les chefs d'escadron sur le même alignement, à 3 mètres à droite de la pièce de droite de leur groupe.

Pour la revue d'une troupe composée de plusieurs batteries, et quand le terrain l'exige, on peut aussi employer l'ordre en ligne de colonnes par section. Dans ce cas, chaque section est considérée comme une batterie de deux pièces, à intervalle serré. Les deux sections d'une même batterie sont placées l'une derrière l'autre, à 6 mètres de distance, chaque chef de section à 1m,50 devant le front de sa section.

La place du capitaine et celle du premier lieutenant sont les mêmes que dans la formation en colonne.

L'intervalle entre les batteries est variable.

Généralement, l'intervalle entre les groupes est double de celui qui existe entre les batteries.

II. — Défilés.

22. Pour le défilé, les batteries sont généralement placées en colonne, à 25 mètres de distance, chaque batterie étant en bataille à intervalles serrés (colonne serrée).

Le commandant de la troupe fait exécuter les mouvements nécessaires pour former les batteries dans l'ordre voulu et sur l'emplacement qu'elles doivent occuper avant le défilé.

Par exemple, les batteries étant en bataille, il fait le commandement « Batteries à droite (gauche) formez la colonne serrée = Marche.

23. L'ordre de marche du régiment pour défiler est celui

_____

(1) Dans chaque batterie le 1er lieutenant se place à gauche du capitaine.

indiqué sur la figure 3. Les trompettes sont conduits par un adjudant à pied placé à 1^m,50 en avant du premier rang.

Dans chaque batterie, les chefs de section marchent à hauteur du capitaine.

Les chefs de pièce marchent à 1^m,50 en arrière de leur chef de section et à 1 mètre en avant du conducteur du mulet de canon; ils marchent au pas cadencé.

L'adjudant, le maréchal des logis chef et le fourrier marchent à 1 mètre en arrière du dernier élément de la colonne.

Les officiers et les sous-officiers montés ont le sabre à la main.

24. Pour mettre en marche la colonne, le commandant de la troupe, après avoir fait prendre les dispositions ci-dessus prescrites, commande :

*Pour défiler, en avant, guide à gauche (droite)=*MAR-CHE.

Les batteries se mettent en marche au commandement de l'officier qui fait défiler.

Si la colonne a été serrée à moins de 20 mètres, les batteries reprennent leur distance.

Lorsqu'ils arrivent à 50 mètres de la personne à qui l'on rend les honneurs, les trompettes sonnent; ils cessent de sonner lorsqu'ils l'ont dépassée de 50 mètres.

25. Après le défilé, le régiment peut être formé en bataille à intervalles serrés, sur le flanc de la colonne, à 10 mètres en arrière de la place qu'occupait le commandant de la troupe pendant le défilé, le centre du front vis-à-vis de la personne à qui l'on rend les honneurs.

Les mouvements des batteries sont successifs, chaque capitaine prenant 6 mètres d'intervalle entre sa batterie et celle qui la précédait en colonne. Les groupes prennent 12 mètres d'intervalle entre eux.

Dès que la première batterie de son groupe est arrêtée, chaque chef d'escadron se porte à 6 mètres sur le flanc droit et sur l'alignement des officiers.

Les trompettes se placent à 12 mètres à la droite des batteries.

26. Si l'artillerie défile avec des troupes d'autres armes, elle se conforme, pour les distances, aux prescriptions de l'instruction précitée du 15 avril 1905.

Si la troupe qui prend part au défilé comprend des sections de munitions ou de parc, ces sections défilent en se conformant aux règles fixées pour les batteries.

27. Exceptionnellement, l'artillerie peut défiler en colonne par pièce doublée (ou par section); dans ce cas, on prend la

DÉFILÉ DE L'ARTILLERIE DE MONTAGNE
AVEC MATÉRIEL.

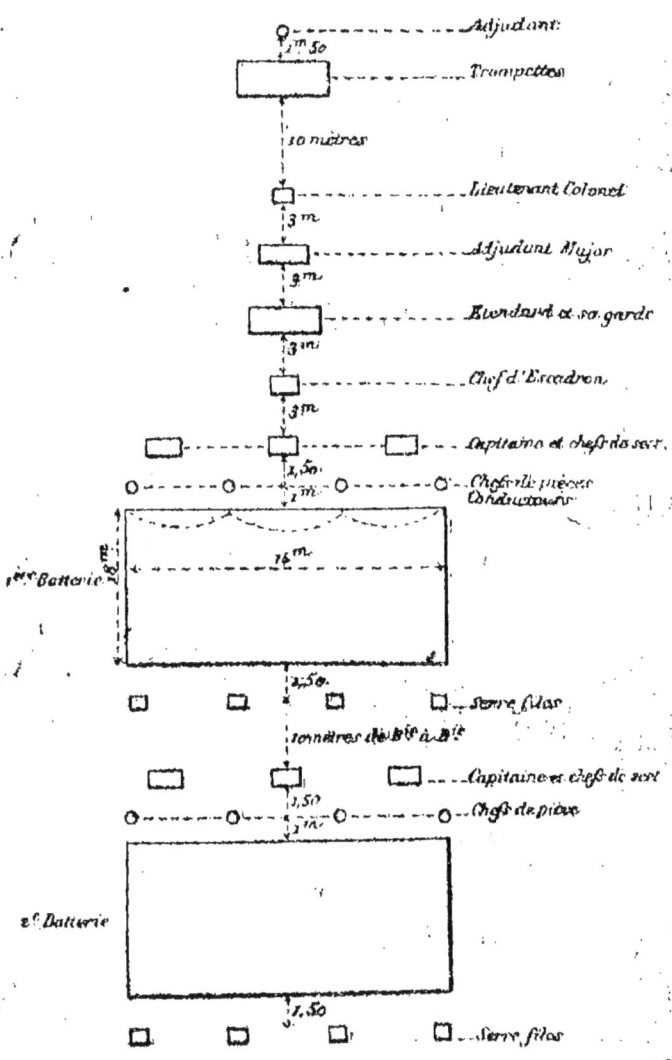

OBSERVATIONS. — Le chef d'escadron commandant le 2ᵉ groupe de batteries, marche à 10 mètres en arrière des serre-files de la dernière batterie du 1ᵉ groupe. Les médecin et vétérinaire à 1ᵐ,50 derrière la dernière batterie du régiment.

Fig. 3.

formation décrite n° 22, les trompettes, le chef de corps, l'étendard, les chefs d'escadron, les médecins et les vétérinaires occupent dans la colonne les mêmes places que ci-dessus.

ARTICLE IV.

DISPOSITIONS RELATIVES A L'ÉTENDARD ET AUX HONNEURS.

28. Sauf ordre contraire, l'étendard paraît aux revues passées par les officiers généraux et les colonels. Il ne paraît pas aux revues passées par les fonctionnaires du contrôle et de l'intendance.

I. — Escorte d'honneur de l'étendard.

29. Lorsque l'étendard doit sortir, il est, s'il y a lieu, escorté, du logement du chef de corps au quartier, et *vice versa*, par deux sections à pied, sous le commandement d'un capitaine.

Tous les trompettes du régiment, commandés par un adjudant l'accompagnent.

Toutes les batteries du régiment, à tour de rôle, concourent à fournir l'escorte de l'étendard.

L'escorte est mise en marche par quatre, l'arme sur l'épaule droite, les trompettes à 10 pas en avant.

Les deux sections conservent entre elles 10 pas de distance.

Le porte-étendard, entre deux maréchaux des logis, marche au milieu de cette distance.

Le capitaine marche à 4 pas du flanc, à hauteur du porte-étendard.

Ce détachement, amené, sans sonnerie de trompettes, au lieu où est l'étendard, y est formé en bataille. Il met la baïonnette au canon.

L'adjudant porte-étendard va chercher l'étendard.

II. — Réception de l'étendard.

30. Dès que l'étendard paraît, le capitaine placé devant le centre de l'escorte, face à l'étendard, fait présenter l'arme, commande « A l'Etendard » et salue du sabre, les trompettes sonnent trois reprises.

Le capitaine conserve le sabre abaissé jusqu'à ce que les trompettes aient fini de sonner.

Il fait mettre l'arme sur l'épaule ou porter le sabre; l'étendard et sa garde prennent leur place. Le capitaine fait rompre l'escorte et la remet en marche dans l'ordre où elle est venue; les trompettes sonnent la marche.

Lorsque l'étendard arrive devant le régiment, le chef de corps fait mettre le sabre à la main et, s'il y a lieu, la baïonnette au canon; les trompettes cessent de sonner et vont prendre, ainsi que l'escorte, leur place de bataille, en passant derrière le régiment.

Le porte-étendard, accompagné des deux maréchaux des logis se dirige vers le centre du régiment, et s'arrête devant le chef de corps, faisant face au régiment, le chef de corps fait alors présenter l'arme, commande : « A l'Étendard » et salue du sabre.

Il conserve le sabre abaissé jusqu'à ce que les trompettes aient fini de sonner.

Il fait ensuite porter le sabre et reposer l'arme.

Le porte-étendard se rend à sa place de bataille.

L'étendard reçoit à son départ les mêmes honneurs qu'à son arrivée et il est reconduit au logement du chef de corps dans l'ordre prescrit ci-dessus.

III. — Salut de l'étendard.

31. Lorsque l'étendard doit rendre les honneurs, le porte-étendard salue de la manière suivante, en deux temps :

1° A 4 mètres de la personne qu'on doit saluer, baisser doucement la hampe en avant, en la rapprochant de l'horizontale;

2° Relever doucement la hampe, lorsque la personne qu'on a saluée est dépassée de 4 mètres.

IV. — Salut du sabre.

32. Etant au port du sabre, à 6 pas de la personne que l'on doit saluer, élever le sabre verticalement, le tranchant à gauche, la poignée vis-à-vis et à $0^m,30$ de l'épaule droite.

Etendre le bras verticalement de toute sa longueur.

Baisser la lame, le poignet en quarte.

Relever vivement le sabre, après avoir dépassé la personne que l'on a saluée.

Porter le sabre.

33. Pour les honneurs de pied ferme ou en marche, les militaires armés du mousqueton ou du sabre présentent l'arme dans les conditions indiquées au titre II (n° 32 *bis* et n° 40 *bis*).

TITRE II.

INSTRUCTION A PIED.

TITRE II.

INSTRUCTION A PIED.

———

1. L'instruction à pied a pour objet :

1° De discipliner les hommes de recrue et de les mettre en état de manœuvrer correctement en troupe;

2° De leur donner une attitude militaire, de développer leur adresse et leur vigueur et d'augmenter leur endurance;

3° De les mettre en mesure de faire usage de leurs armes dans toutes les circonstances qui en comportent l'emploi à la guerre et aussi dans le service de garnison.

2. L'instruction à pied comprend :

1° *L'éducation physique;*

2° *La manœuvre à pied* proprement dite.

L'éducation physique est donnée conformément aux prescriptions du règlement d'éducation physique du 21 janvier 1910.

La manœuvre à pied comprend l'instruction individuelle et l'instruction d'ensemble.

CHAPITRE I.

INSTRUCTION INDIVIDUELLE.

3. L'instruction individuelle est la base de l'instruction à pied et de l'éducation militaire des hommes de recrue. On doit y consacrer tous les soins et le temps nécessaires, et ne commencer l'instruction d'ensemble que lorsque les canonniers sont suffisamment assouplis et bien confirmés dans l'exécution de tous les mouvements.

4. Les hommes sont habituellement placés par rang de taille, les uns à côté des autres, sur un ou plusieurs rangs, à des intervalles tels qu'ils aient l'indépendance de leurs mouvements et qu'ils soient sous les yeux de leur instructeur.

5. L'instructeur montre le mouvement; il en fait comprendre le mécanisme en donnant de courtes indications au fur

et à mesure de son exécution. Les hommes l'exécutent d'eux-
mêmes. L'instructeur les examine successivement, il rectifie
les mouvements mal exécutés et les positions défectueuses.
Le canonnier cesse le mouvement sans attendre d'ordre et le
reprend ensuite. Il continue ainsi jusqu'au commandement :
Repos.

Les mouvements sont d'abord exécutés en décomposant,
puis, lorsque leur mécanisme est bien connu, sans décom-
poser. La précision et la vivacité ne peuvent être obtenues
que progressivement, elles s'acquièrent par l'exécution répé-
tée d'un même mouvement. L'instructeur exige néanmoins
que, dès le début, le canonnier manœuvre avec vigueur et
garde avec soin l'attitude prescrite.

6. Pour *rassembler les canonniers*, l'instructeur lève le
bras droit (l'arme dans la main droite, si les hommes sont
en armes), et commande :

RASSEMBLEMENT.

A ce commandement, les canonniers se forment rapidement dans l'ordre qui leur a été prescrit, face à l'instructeur,
le centre à trois mètres de lui. Quand ils connaissent les
principes d'alignement, ils s'alignent d'eux-mêmes sur le centre et reprennent la position directe.

Pour suspendre ou terminer le travail, l'instructeur commande :

ROMPEZ VOS RANGS.

7. COMPTEZ-VOUS QUATRE (TROIS, SIX, HUIT).
Les canonniers se comptent de la droite à la gauche :
1, 2, 3, 4..... suivant la place que chacun occupe. S'ils sont
formés sur deux rangs, les hommes du second rang se comptent en même temps que leurs chefs de file.

ARTICLE I.

TRAVAIL SANS ARMES.

Position du canonnier à pied.

8. L'immobilité et la correction de l'attitude sont indispensables pour obtenir du canonnier une attention soutenue et
une exécution immédiate. Elles imposent lorsqu'elles sont exi-
gées pendant un temps trop long, une fatigue qu'il importe
d'éviter en donnant des repos courts et fréquents.

GARDE A VOUS.

Les talons sur la même ligne et rapprochés autant que la conformation de l'homme le permet, les pieds un peu moins ouverts que l'équerre et également tournés en dehors, les genoux tendus, le corps d'aplomb sur les hanches, et légèrement penché en avant, les épaules effacées, les bras pendant naturellement, la main ouverte, les doigts joints, le petit doigt un peu en arrière de la couture du pantalon, la tête haute et droite sans être gênée, les yeux fixés droit devant soi.

10. REPOS.

Rester en place sans être tenu de garder la position ni l'immobilité.

A droite, à gauche.

11. *A droite (gauche)*=DROITE (GAUCHE).

Tourner sur le talon gauche d'un quart de cercle à droite (gauche), en élevant un peu la pointe du pied gauche et le pied droit; rapporter ensuite le talon droit à côté du gauche et sur la même ligne.

Demi à droite, demi à gauche.

12. *Demi à droite (gauche)*=DROITE (GAUCHE).

Exécuter le mouvement comme celui de : A droite (gauche), mais ne tourner que d'un demi-quart de cercle.

Demi-tour à droite.

13. *Demi-tour*=DROITE.

Faire un demi à droite sur le talon gauche, et placer le pied droit en équerre; le milieu du pied vis-à-vis et à environ 10 centimètres du talon gauche.

Tourner ensuite sur les deux talons, en élevant un peu la pointe des pieds, les jarrets tendus; faire face en arrière et rapporter ensuite le talon droit à côté du gauche.

Pas cadencé.

14. La longueur du pas cadencé est de 75 centimètres à compter d'un talon à l'autre; sa vitesse, lente au début de l'instruction, est amenée progressivement à 120 pas par minute.

15. *En avant* = MARCHE.

Porter le pied gauche en avant, le poser, le talon le premier, à 75 centimètres du droit, qui se lève, tout le poids du corps portant sur le pied qui pose à terre. Porter ensuite la jambe droite en avant, poser le pied droit à la même distance et de la manière qu'il vient d'être expliqué pour le pied gauche, et continuer de marcher, ainsi en laissant aux bras un mouvement d'oscillation naturelle, la tête restant toujours dans la position directe.

16. *Canonniers* = HALTE.

Poser le pied qui est levé à 75 centimètres en avant et rapporter le pied qui est en arrière à côté de l'autre.

17. *En arrière* = MARCHE.

Reculer en partant du pied gauche par de petits pas jusqu'au commandement :

Canonniers = HALTE.

S'arrêter, en rapportant le pied qui est en avant à côté de l'autre.

Pas gymnastique.

18. La longueur du pas gymnastique est de 90 centimètres, sa vitesse habituelle est de 180 par minute.

19. *Pas gymnastique* = MARCHE.

Au commandement : *Pas gymnastique*, incliner légèrement le corps en avant, les poings à hauteur des hanches et fermés, les coudes très peu en arrière, la tête dans le prolongement du buste.

Au commandement : MARCHE, porter la jambe gauche en avant, le genou légèrement fléchi, le pied rasant le sol, poser le pied gauche à 90 centimètres du droit, le genou restant fléchi. Faire ensuite avec la jambe droite ce qui vient d'être prescrit pour la gauche, et continuer ainsi en portant le poids du corps sur le pied qui pose à terre, en laissant aux bras un mouvement d'oscillation naturelle et en évitant la raideur et les saccades (1).

20. *Canonniers* = HALTE.

Au commandement : *Canonniers*, redresser le haut du corps et ralentir progressivement l'allure.

Au commandement : HALTE, poser le pied qui est en avant

_____

(1) Pendant l'exécution du pas gymnastique, il est utile de respirer autant que possible par le nez, et lentement.

à sa distance, rapporter celui qui est en arrière à côté de l'autre, et laisser tomber les mains dans le rang.

21. *Pas cadencé*=Marche.

Reprendre la marche au pas cadencé.

Marquer le pas.

21 bis. *Marquez le pas*=Marche.

Marquer simplement la cadence du pas en soulevant légèrement et alternativement l'un et l'autre pied.

Au commandement de :

En avant=Marche,

Reprendre la marche.

Changer le pas.

22. *Changez le pas*=Marche.

Au pas cadencé : rapprocher le pied qui est en arrière de celui qui vient de poser à terre, et repartir de ce dernier pied, ces deux mouvements étant exécutés dans le temps d'un seul pas.

Au pas gymnastique : faire deux pas successifs du même pied.

A droite (à gauche) en marchant.

23. *A droite (gauche)*=Marche.

Au commandement : Marche, qui est fait à l'instant où le pied droit (gauche) pose à terre, placer le pied gauche (droit) à sa distance, tourner le corps en portant le pied droit (gauche) dans la nouvelle direction et continuer la marche.

Demi-tour à droite en marchant.

24. *Demi-tour à droite*=Marche.

Au pas cadencé : au commandement : Marche, qui est fait à l'instant où le pied droit pose à terre, placer le pied gauche à sa distance, faire face en arrière en tournant sur ce pied, rapporter le pied droit à côté du gauche et repartir du pied gauche dans la nouvelle direction.

Au pas gymnastique : faire face en arrière en exécutant sur place quatre petits pas.

ARTICLE II.

TRAVAIL EN ARMES.

25. Les mouvements nécessaires pour mettre l'arme sur l'épaule droite, reposer l'arme, porter et reposer le sabre, doivent être exécutés d'une manière vive et brusque, à une vitesse qui est amenée progressivement à celle du pas.

Les autres mouvements de maniement d'armes s'exécutent avec promptitude et régularité, mais sans cadence.

26. L'instructeur fait reprendre avec l'arme les mouvements de l'article I. Les mouvements de pied ferme, le pas en arrière s'exécutent au repos de l'arme; les hommes armés du mousqueton le soulèvent légèrement pendant l'exécution du mouvement.

Les mouvements en marchant s'exécutent l'arme sur l'épaule droite (mousqueton) ou l'arme au repos (sabre). Les hommes armés du sabre saisissent le fourreau avec la main gauche, le bras allongé, et le ramènent en avant.

27. Toutes les fois que les canonniers se mettent en marche, les hommes armés du mousqueton mettent d'eux-mêmes l'arme sur l'épaule droite au commandement : *Marche;* les hommes armés du sabre mettent l'arme au repos, s'il y a lieu.

Lorsqu'on doit marcher au pas gymnastique, ces mouvements s'exécutent au commandement : *Pas gymnastique.* Les canonniers saisissent ensuite le fourreau comme il est prescrit au n° 26.

Toutes les fois que les canonniers s'arrêtent, les hommes armés du mousqueton reposent l'arme d'eux-mêmes au commandement : *Halte.*

28. Avant de faire rompre les rangs, l'instructeur fait toujours remettre le sabre-baïonnette, ou remettre le sabre.

I. — MOUSQUETON.

Position de l'arme au pied.

29. Le canon en arrière, le fût entré le pouce et les deux premiers doigts de la main droite, le bras allongé naturellement, le talon de la crosse contre la pointe du pied droit, l'arme d'aplomb.

30. Au commandement : Repos, continuer de maintenir l'arme avec la main droite et rester en place sans être tenu de garder l'immobilité.

L'arme sur l'épaule droite.

31. *L'arme sur l'épaule* = Droite.

1. Elever l'arme verticalement avec la main droite vis-à-vis de l'épaule, le canon en arrière, la saisir avec la main gauche à hauteur du renfort et continuer de l'élever avec cette main, qui s'arrête à l'épaule, en même temps que la main droite se place sur le plat de la crosse, le bec entre les deux premiers doigts, les autres sous la crosse le bras droit allongé.

2. Placer l'arme sur l'épaule droite, le levier en dehors, en la faisant glisser dans la main gauche qui se place sur la crosse, les doigts joints, l'arme dans une direction perpendiculaire à la ligne des épaules, le coude droit abattu.

3. Renvoyer vivement la main gauche dans le rang.

Reposer l'arme.

32. *Reposez* = Arme.

1. Redresser l'arme en allongeant vivement le bras droit de toute sa longueur, le canon en arrière et d'aplomb, la saisir en même temps avec la main gauche à hauteur du renfort.

2. Abandonner la crosse de la main droite, descendre l'arme de la main gauche le long et près du corps, la saisir avec la main droite contre la grenadière, allonger le bras droit, et renvoyer vivement la main gauche dans le rang.

3. Laisser glisser l'arme jusqu'à terre sans frapper et prendre la position de l'arme au pied.

Présenter l'arme.

32 bis. *Présentez* = Arme.

Etant dans la position de l'arme au pied, exécuter le premier mouvement de l'arme sur l'épaule.

Etant dans la position de l'arme sur l'épaule, de pied ferme ou en marche, exécuter le premier mouvement de reposer l'arme.

Etant dans la position de « présentez l'arme », le canon-

nier est remis dans la position de l'arme sur l'épaule ou de
l'arme au pied aux commandements :

> L'arme sur l'épaule = DROITE

ou

> Reposez = ARME.

Baïonnette au canon.

33. BAÏONNETTE AU CANON.

Elever l'arme d'aplomb vis-à-vis et à 10 centimètres du milieu du corps, le canon à droite, le coude droit au corps,
la main à hauteur du coude; tirer le sabre-baïonnette avec
la main gauche renversée; le fixer au bout du canon; puis
reprendre la position de l'arme.

Remettre la baïonnette.

34. REMETTEZ LA BAÏONNETTE.

Placer l'arme comme il a été dit pour mettre la baïonnette
au canon; enlever le sabre-baïonnette avec la main gauche,
en appuyant avec le pouce de la main droite sur le bouton-
poussoir, et le renverser la pointe en bas; saisir la lame à
10 centimètres de la croisière avec le pouce et les deux premiers doigts de la main droite, renverser la main gauche et
remettre le sabre-baïonnette au fourreau; reprendre la position de l'arme au pied.

Mettre l'arme à la grenadière ou à la bretelle.

35. L'ARME A LA GRENADIÈRE.

Placer l'arme devant le corps, détendre la bretelle, engager l'ardillon de la boucle dans le dernier trou, placer le
mousqueton en sautoir de l'épaule gauche à la hanche
droite.

36. L'ARME A LA BRETELLE.

Engager l'ardillon de la boucle de la bretelle dans le trou
du milieu suspendre l'arme par la bretelle à l'épaule droite,
et la maintenir verticale avec la main droite, qui saisit l'extrémité de la bretelle près du battant de crosse, le canon en
arrière (1).

---

(1) Quand les canonniers portent le havresac, le mousqueton peut
être porté à la bretelle sur l'une ou l'autre épaule, dans ce cas il est
maintenu au moyen d'un dé enchapé et d'un crochet. Le dé enchapé est
relié au mousqueton au moyen de son contresanglon dont le bouton-

37. L'ARME SUR L'ÉPAULE DROITE OU REPOSEZ L'ARME.

Enlever l'arme de l'épaule, tendre la bretelle et prendre la position indiquée.

Mettre l'arme sous le bras droit (1).

38. L'ARME SOUS LE BRAS DROIT.

Placer le mousqueton la crosse sous le bras droit, la main droite tenant l'arme à hauteur du renfort, le pouce allongé dans l'évidement du fût, le canon au-dessus et incliné vers la terre, vis-à-vis de l'épaule, le poignet à la hanche, laisser tomber la main gauche dans le rang.

L'ARME SUR L'ÉPAULE DROITE OU REPOSEZ L'ARME.

prendre la position indiquée.

Former et rompre les faisceaux.

39. Les canonniers étant sur deux rangs, numérotés par 4, l'arme au pied, avec la baïonnette au canon :

A l'indication :

FORMEZ LES FAISCEAUX,

Le numéro pair du premier rang saisit son arme de la main gauche à l'embouchoir et la place le talon de la crosse à 65 centimètres environ en avant de la pointe de son pied droit, le canon face au rang.

Le numéro pair du second rang passe son arme à son chef de file; celui-ci la saisit avec la main droite à l'embouchoir et porte la crosse à 10 centimètres environ en avant de la pointe de son pied gauche, le canon tourné vers la

nière est engagée dans le bouton double de la bretelle du mousqueton, entre les deux parties de la bretelle. Un crochet à bouton est fixé à la partie supérieure de chacune des bretelles du havresac, en avant et près de la boucle à ardillon fourchu; les bretelles étant au préalable ajustées de manière qu'il reste au moins deux rangées de trous en avant de chaque boucle. Pour fixer le crochet à bouton à la bretelle, engager le crochet dans l'un des trous d'ardillon les plus voisins du cou de l'homme, prendre un bout de lacet en cuir de 100 millimètres environ de longueur, le doubler et engager les deux bouts libres dans le trou appartenant à la même rangée que celui dans lequel est placé le crochet; engager celui-ci dans la ganse ainsi formée avec le lacet; nouer ensemble les deux bouts du lacet sous la bretelle du havresac, en formant un nœud assez gros pour qu'il ne passe pas dans le trou d'ardillon (B. O., n° 165-1, page 253).

Pendant que le pensonnier attache ou détache le mousqueton, il doit avoir soin de le soulever avec une main placée sous la crosse.

(1) Ce mouvement ne s'emploie que pour rendre les honneurs funèbres.

droite; il croise les deux quillons, celui du canonnier du second rang en dessus.

Le numéro impair du premier rang saisit son arme avec la main gauche à l'embouchoir et avec la main droite à hauteur du renfort, la tourne le canon en avant, se fend de la jambe gauche, embrasse avec son quillon ceux des armes déjà placées et laisse reposer la crosse à 10 centimètres en avant de ses pieds.

Le faisceau formé, le numéro impair du second rang passe son arme dans la main gauche le canon en avant, se fend de la jambe gauche et place son arme sur le faisceau en l'inclinant.

Les quatre hommes reprennent la position du canonnier à pied.

40. A l'indication :

ROMPEZ LES FAISCEAUX,

le numéro impair du second rang retire son arme du faisceau.

Le numéro pair du premier rang saisit son arme de la main gauche et celle du numéro pair du second rang de la main droite à l'embouchoir.

Le numéro impair du premier rang saisit son arme de la main gauche à l'embouchoir et de la main droite à hauteur du renfort en se fendant de la jambe gauche, ces deux hommes soulèvent le faisceau pour le rompre.

Le numéro pair du second rang reprend son arme des mains de son chef de file, et les quatre hommes replacent l'arme au pied.

II. — SABRE

Sabre à la main.

41. SABRE.

Incliner légèrement la tête à gauche sans déranger la position; décrocher le sabre et le ramener la monture en avant avec la main gauche; engager le poignet droit dans la dragonne, saisir le sabre à la poignée, dégager la lame du fourreau de 20 centimètres en maintenant le fourreau contre la cuisse avec la main gauche qui le tient à l'anneau et replacer la tête directe.

MAIN.

Tirer vivement le sabre en élevant le bras de toute sa longueur, marquer un temps d'arrêt, porter le sabre à l'épaule droite, le dos de la lame appuyé au défaut de l'épaule, le poignet à la hanche, le petit doigt en dehors de la poignée et remettre le fourreau au crochet.

Pour les hommes armés du sabre, la position du canonnier ainsi placé est la position du port du sabre.

42. Lorsque les canonniers sont sur deux rangs, le deuxième rang recule de trois mètres au commandement : SABRE, il serre à sa distance sans commandement après avoir porté le sabre à l'épaule.

Remettre le sabre étant au port du sabre.

43. REMETTEZ.

Décrocher le fourreau et le ramener l'ouverture en avant; porter le sabre en avant, le bras demi-tendu, le pouce vis-à-vis et à 10 centimètres du col, la lame verticale, le tranchant à gauche, le pouce allongé en arrière de la poignée, le petit doigt réuni aux trois autres.

SABRE.

Porter le poignet vis-à-vis et à 10 centimètres de l'épaule gauche; baisser la lame et la passer en croix le long du bras gauche, la pointe en arrière, incliner légèrement la tête à gauche en fixant l'œil sur l'ouverture du fourreau, y remettre la lame, dégager le poignet de la dragonne, replacer la tête directe, la main droite sur le côté, et remettre le sabre au côté, la monture en arrière.

44. Lorsque les canonniers sont sur deux rangs, le deuxième rang recule de trois mètres, après avoir exécué le commandement REMETTEZ; il serre à sa distance sans commandement après avoir remis le sabre au fourreau.

Reposer le sabre.

45. Reposez=SABRE.

1. Détacher le sabre verticalement à 10 centimètres en avant de la hanche avec la main droite; saisir en même temps la lame avec la main gauche à 10 centimètres au-dessus de la garde, le pouce allongé le long de la lame.

2. Saisir la garde avec la main droite, le dos de la main en avant.

3. Allonger le bras droit en appuyant le dos de la lame au défaut de l'épaule et renvoyer vivement la main gauche dans le rang.

Porter le sabre.

45. *Portez* = SABRE.

1. Elever le sabre verticalement avec la main droite, à 10 centimètres en avant de la hanche; saisir la lame avec la main gauche à 10 centimètres au-dessus de la garde, le pouce allongé le long de la lame.

2. Replacer la main droite à la poignée du sabre.

3. Placer le sabre dans la position du port du sabre et renvoyer vivement la main gauche dans le rang.

Présenter le sabre.

45 bis. *Présentez* = SABRE.

Exécuter le premier mouvement de remettre le sabre sans décrocher le fourreau.

Etant dans la position du Présentez = sabre, le canonnier revient à la position du Portez = sabre au commandement :

Portez = SABRE.

ARTICLE III.

EMPLOI DES ARMES.

47. L'artillerie trouve sa meilleure protection, même aux distances rapprochées, dans le tir de ses canons; d'autre part, les autres armes doivent assurer sa défense immédiate. Quand ces deux moyens de protection sont insuffisants ou font défaut, l'artillerie doit se défendre avec ses seules ressources.

Chaque canonnier doit en outre pourvoir à sa défense personnelle, soit dans un combat rapproché, soit dans le service de garde.

Pour être en mesure de faire face aux diverses éventualités qui peuvent se présenter en campagne (défense des abords des batteries, parcs et convois contre des patrouilles ou détachements, protection immédiate du matériel, etc.) le personnel de l'artillerie doit être familiarisé avec l'utilisation des couverts du terrain et des abris que lui offre le matériel.

L'instructeur saisit toutes les occasions qui peuvent se présenter dans les routes et manœuvres, les exercices en terrain varié, etc., pour montrer aux hommes comment cette utilisation leur permet de faire de leurs armes le meilleur usage possible. Il s'attache à développer le jugement et l'initiative des gradés et des canonniers en les plaçant en face de situations très simples, les obligeant à agir d'eux-mêmes et à choisir les moyens qui répondent le mieux aux circonstances.

I. — EMPLOI DU MOUSQUETON.

§ I. — BAÏONNETTE.

48. Dans les attaques, l'arme est dirigée contre la poitrine de l'homme à pied, contre un des flancs du cavalier ou contre les naseaux du cheval.

A l'instruction, les canonniers sont placés à quatre pas d'intervalle sur un rang.

Position de la garde.

49. CROISEZ LA BAÏONNETTE.

Faire face à la direction de l'attaque, se fendre à 50 centimètres environ en arrière et à droite, ployer les jarrets, le poids du corps portant également sur les deux jambes; empoigner en même temps l'arme avec les deux mains et l'abattre, le canon en dessus, la main gauche à hauteur du renfort, la main droite à la poignée et appuyée à la hanche.

Attaque.

50. POINTEZ.

Tendre le jarret droit en portant le haut du corps en avant, se fendre de la jambe gauche à 20 centimètres plus en avant, lancer vivement l'arme des deux mains le canon en dessus.

Parades.

50. *A gauche (droite)* = PAREZ.

Elever le bout du canon sans déranger la main droite; faire une opposition à gauche (droite) pour marquer la parade.

52. *En tête* = PAREZ.

Elever l'arme avec les deux mains, les bras allongés, l'arme couvrant la tête, le levier tourné vers le corps et au-dessus de la tête; l'extrémité des doigts de la main gauche ne dépassant pas les bords de la monture, la baïonnette menaçante et légèrement inclinée à gauche.

§ II. — Feux.

53. Les feux s'exécutent debout ou à genou. Les tireurs sont moins exposés à genou que debout, ils tirent mieux à genou et plus vite debout.

Lorsqu'ils peuvent appuyer à la fois le mousqueton et 'e corps, ils sont dans les meilleures conditions pour bien tirer et tirer sans fatigue.

A l'instruction, les mouvements du tir sont toujours exécutés avec de fausses cartouches.

Mouvements du tir.

54. Les mouvements du tir sont enseignés debout et à genou. Le canonnier est placé au préalable dans cette dernière position par le commandement :

55. A GENOU.

S'arrêter si l'on est en marche, faire un demi à-droite, porter en même temps le milieu du pied droit à environ 30 centimètres en arrière et 15 centimètres à gauche du talon gauche, suivant la taille de l'homme, la direction du pied droit faisant un angle d'environ 45 degrés avec celle du pied gauche; saisir en même temps le fourreau de la baïonnette avec la main gauche et le ramener en avant, les épaules effacées et la tête directe.

Mettre le genou droit à terre dans la direction du pied droit, laisser la crosse appuyée à terre, s'asseoir sur le talon droit, placer le fourreau de la baïonnette le bout en avant.

Saisir l'arme avec la main gauche entre la hausse et la boîte de culasse, puis avec la main droite à la poignée.

56. Debout.

Saisir l'arme avec la main droite au-dessus de la grenadière; se relever et replacer l'arme au pied.

57. Chargez.

Dans la position debout :

S'arrêter si l'on est en marche.

Abattre l'arme avec les deux mains et la saisir à la poignée avec la main droite, le pouce en travers; faire en même temps un demi à droite sur le talon gauche et se fendre d'un demi pas environ en arrière et à droite, suivant la taille de l'homme, la pointe du pied un peu rentrée; passer la main gauche entre l'arme et la bretelle, le pouce allongé dans l'évidement de gauche du fût, l'extrémité des autres doigts dans l'évidement de droite, le coude gauche joint au corps, la crosse maintenue entre le corps et l'avant-bras droit, le bout du canon à hauteur de l'épaule.

Dans la position à genou :

Abattre l'arme avec les deux mains, passer la main gauche entre l'arme et la bretelle, le pouce allongé dans l'évidement de gauche du fût, l'extrémité des autres doigts dans l'évidement de droite, l'avant-bras gauche appuyé sur la cuisse gauche, la plaque de couche sur la cuisse droite.

Dans les deux positions :

Saisir le levier avec la main droite entre le pouce et le premier doigt ployé, les autres fermés; faire tourner le levier de droite à gauche et le ramener en arrière pour ouvrir la culasse.

Prendre un chargeur dans la cartouchière, le placer de champ, les balles en avant, au-dessus de son logement, sur la planche supérieure d'élévateur; l'enfoncer avec le pouce de la main droite jusqu'à ce que l'on entende le crochet du chargeur tomber au-dessus du talon.

Saisir le levier, pousser franchement la culasse en avant en rabattant en même temps le levier complètement à droite, saisir l'arme à la poignée avec la main droite.

Décharger.

58. DÉCHARGEZ.

Exécuter, s'il y a lieu, les premiers mouvements de chargez, ouvrir la culasse, placer en même temps le pouce de la main gauche en travers de l'échancrure pour empêcher la cartouche de tomber. Prendre d'abord la cartouche provenant du canon, agir ensuite avec le pouce de la main droite sur le poussoir du crochet du chargeur, prendre le chargeur avec cette main, le replacer dans la cartouchière avec la cartouche libre, fermer la culasse et *désarmer;* à cet effet, saisir l'arme à la poignée avec la main droite dont le pouce se place en travers sur le chien, presser sur la détente, conduire avec précaution le chien à l'abattu, en le retenant avec le pouce; saisir la poignée à pleine main.

Approvisionner.

59. APPROVISIONNEZ.

Exécuter les mouvements de *chargez*, mais après avoir introduit le chargeur dans son logement, fermer la culasse sans introduire de cartouche dans la chambre. A cet effet, avant de pousser la culasse en avant, appuyer avec le pouce de la main gauche sur le chargeur pour faire passer la tête mobile sur la cartouche supérieure sans l'entraîner, puis désarmer.

L'arme étant approvisionnée, au commandement : *Chargez*, ouvrir et fermer la culasse.

60. Lorsque, exceptionnellement, on veut charger à une cartouche seulement (tir réduit), la culasse étant ouverte, il faut placer la cartouche sur l'élévateur et fermer la culasse.

Reposer l'arme après les mouvements du tir.

61. *Reposez* = ARME.

Prendre la position de l'arme au pied.

Exécution des feux.

62. Les feux s'exécutent à volonté; en principe, les canonniers ne sont exercés à viser qu'avec la ligne de mire de 200 mètres (1).

63. *Sur tel but* = COMMENCEZ LE FEU.

Au commandement : COMMENCEZ LE FEU, charger l'arme, s'il y a lieu, puis :

Dans la position debout :

Elever l'arme horizontalement avec les deux mains, appuyer la crosse contre l'épaule droite, le coude gauche complètement abattu, le coude droit à hauteur de l'épaule; prendre la ligne de mire en penchant le moins possible la tête à droite et en avant, serrer la poignée avec la main droite, le pouce en travers, la deuxième phalange du premier doigt en avant et contre la détente, amener doucement la seconde bossette de la détente contre le dessous de la boîte de culasse, diriger la ligne de mire sur le point choisi dans le but indiqué (2) et faire partir le coup en fermant lentement le doigt d'un mouvement continu et sans saccade.

Reprendre immédiatement la position de la charge; ouvrir la culasse et la ramener vivement en arrière pour éjecter l'étui; recharger en fermant la culasse, ou en introduisant un nouveau chargeur, s'il y a lieu, et continuer à tirer, sans perdre de vue le but, en visant avec le plus grand soin et en

---

(1) Voir le renvoi (2) de la page 122.
(2) Viser à hauteur de ceinture sur un homme à pied, à hauteur du poitrail du cheval sur un cavalier.

rechargeant avec toute la rapidité possible jusqu'au commandement : CESSEZ LE FEU.

Dans la position à genou :

Placer le coude gauche sur la cuisse et près du genou, faire glisser en même temps l'arme dans la main gauche qui vient se placer contre le pontet, le poignet légèrement remonté, l'arme maintenue entre le pouce et les quatre doigts réunis sur la main droite; appuyer la crosse contre l'épaule, prendre la ligne de mire et exécuter le feu comme il est prescrit dans la position debout.

Arrêter et reprendre le feu.

64. CESSEZ LE FEU.

Arrêter momentanément le feu, charger l'arme si elle ne l'est déjà et rester en position, les yeux fixés sur le but.

Le feu est repris au commandement de :

CONTINUEZ LE FEU.

Lorsque le commandement de : CESSEZ LE FEU, est suivi de celui : DÉCHARGEZ, décharger.

Au début de l'instruction, les feux ne sont exécutés que coup par coup.

Avant et après tout service de tir réel, l'inspection des armes est passée conformément aux prescriptions de l'annexe I.

II. — EMPLOI DU SABRE.

65. Les canonniers peuvent être appelés à faire usage du sabre dans le service de garde.

Dans les attaques, la pointe du sabre est dirigée vers la poitrine ou vers le flanc de l'adversaire.

A l'instruction, les canonniers sont placés à quatre pas d'intervalle, soit sur un rang, soit sur deux rangs ouverts à 6 mètres de distance, soit encore sur deux rangs ouverts se faisant face.

Position de la garde.

66. EN GARDE.

Prendre la position du port du sabre, en faisant face à l'adversaire, décrocher le fourreau et le tenir avec la main gauche, faire un demi à gauche, porter le pied droit à un demi pas environ en avant, porter la main droite en avant, le bras demi tendu, le petit doigt réuni aux trois autres, les ongles en-dessous, le coude détaché du corps et entièrement effacé, la pointe du sabre à hauteur et dans la direction de l'épaule droite de l'adversaire, la lame dans le prolongement de l'avant-bras, le tranchant à droite : fléchir les jambes, le corps d'aplomb sur les hanches.

67. COUP DE POINTE EN AVANT.

Déployer le bras droit vivement, sans raideur, le corps restant immobile, la main les ongles en dessous; porter ensuite le pied droit en avant et tendre vivement le jarret gauche.

EN GARDE.

Ployer vivement le jarret gauche, et, portant le poids du corps sur la jambe gauche, reprendre la position de la garde.

III. — EMPLOI DU REVOLVER.

68. Les canonniers ne doivent faire usage de leur revolver qu'à très courte distance.

Haut le revolver.

69. HAUT LE REVOLVER.

Ramener l'étui du revolver sur le côté avec la main droite, l'ouvrir, retirer l'arme en la saisissant avec cette main à la poignée; replacer l'étui en arrière, élever l'arme, la porter à hauteur et à 10 centimètres de l'épaule droite, le bout du canon en l'air, le pontet en avant, le premier doigt allongé contre le pontet.

Replacer le revolver.

70. REPLACEZ LE REVOLVER.

Abaisser le revolver, ramener l'étui sur le côté avec la main droite, y replacer le revolver; fermer l'étui, le replacer en arrière et prendre la position du canonnier à pied.

Mouvements du tir.

REVOLVER MODÈLE 1873.

Charger.

71. CHARGEZ.

Placer le revolver vis-à-vis le milieu du corps et à plat dans la main gauche (à cheval, sans quitter les rênes), la porte en dessus, le bout du canon dirigé vers la terre et à gauche. Mettre le chien au cran de sûreté et ouvrir la porte avec le pouce de la main droite, prendre les cartouches dans l'étui du revolver et les introduire successivement dans les chambres, en faisant tourner le barillet avec le premier doigt de la main droite; fermer la porte, s'assurer que la rotation n'est pas gênée et prendre la position de : *Haut le revolver*.

Décharger.

72. Déchargez.

Placer le revolver dans la main gauche, comme il est prescrit pour le charger, mettre le chien au cran de sûreté, s'il y a lieu, ouvrir la porte avec le pouce de la main droite; détacher la baguette de son tenon, chasser les douilles (ou les cartouches) avec la baguette que l'on manie de la main droite, le pouce de la main gauche faisant tourner le barillet (mettre les cartouches dans la cartouchière de l'étui); refixer la baguette, fermer la porte, conduire le chien à l'abattu avec la main droite et prendre la position de : *Haut le revolver*.

REVOLVER MODÈLE 1892.

Charger.

73. Chargez.

Placer le revolver vis-à-vis le milieu du corps, l'arme de champ dans la main gauche (à cheval sans quitter les rênes), le canon dirigé vers la terre et à gauche, ouvrir la porte avec le pouce de la main droite.

Maintenir l'arme avec la main droite, qui la saisit à la crosse, faire effort avec le pouce gauche pour rabattre le barillet à droite hors de sa cage.

Prendre le revolver de la main gauche par la poignée; le bout du canon dirigé vers la terre et à gauche, placer les cartouches dans les chambres du barillet; saisir de nouveau la crosse avec la main droite; rabattre complètement le barillet dans sa cage en le poussant à fond avec les trois premiers doigts de la main gauche; s'assurer que le barillet peut tourner librement, fermer la porte et prendre la position de : *Haut le revolver*.

Décharger.

74. Déchargez.

Ouvrir la porte et rabattre le barillet à droite, en opérant comme il a été dit pour le chargement, redresser l'arme le canon en l'air et en avant, en continuant à la tenir fortement avec la main gauche.

Pousser l'extracteur en arrière, appuyant avec la paume de la main droite sur le poussoir d'extracteur; faire tomber les douilles vides; rabattre le barillet à gauche en le poussant à fond, comme il a été dit pour charger; fermer la porte et prendre la position de : *Haut le revolver*.

Si l'on veut retirer du barillet des cartouches chargées, ou recueillir les douilles vides, opérer ainsi qu'il suit :

Placer le revolver dans la main gauche; le canon dirigé vers la terre et à gauche, la poignée appuyée au corps; rabattre le barillet à droite, comme il a été dit, agir sur le poussoir avec les deux premiers doigts de la main gauche, de manière à dégager en partie les cartouches (ou les douilles vides); retirer celles-ci une à une avec la main droite en faisant, s'il y a lieu, tourner le barillet.

Mettre les cartouches (ou les douilles vides) dans l'étui de revolver; rabattre le barillet à gauche en le poussant à fond; fermer la porte et prendre la position de : *Haut le revolver*.

Feux.

75. Les feux s'exécutent à volonté.

Sur (tel but) = COMMENCEZ LE FEU.

Au commandement : *Commencez le feu*, charger l'arme, s'il y a lieu, puis faire un demi à gauche par rapport à la direction du but, le talon gauche à 20 centimètres environ en arrière du droit, abattre le revolver dans la main gauche, qui le saisit entre le pouce et le premier doigt en avant du barillet, armer avec le pouce de la main droite, lever le revolver à la hauteur de l'œil, *le bras droit presque allongé, sans raideur*, la main droite embrassant solidement la crosse le plus haut possible, la deuxième phalange du premier doigt en avant et contre la détente; prendre la ligne de mire, la diriger sur le point choisi dans le but indiqué (1) la tête et le corps restant immobiles, faire partir le coup en fermant le doigt d'un mouvement continu et sans saccade.

Le coup parti, ouvrir complètement le premier doigt, de manière à laisser la détente revenir librement sur elle-même.

Abattre ensuite le revolver dans la main gauche, armer et continuer à tirer sans perdre de vue le but jusqu'au commandement de : CESSEZ LE FEU. Arrêter le feu et prendre la position de : *Haut le revolver*.

Lorsque le commandement de « Cessez le feu » est suivi de celui de « Déchargez » exécuter ce qui est prescrit au n° 74.

---

(1) À hauteur de ceinture sur un homme à pied et à cheval.

Au début de l'instruction, les feux ne sont exécutés que coup par coup, à l'indication de l'instructeur.

L'instructeur enseigne au canonnier que, dans des cas exceptionnels, il peut faire un *tir continu*, en armant par la seule pression du doigt sur la détente.

Avant et après tout exercice de tir réel, l'inspection des armes est passée, conformément aux prescriptions de l'annexe I.

76. S'il se produit un *enrayage* du revolver, le canonnier éprouve une grande résistance et ne peut plus ni tirer ni armer. Dans ce cas, il ne doit pas augmenter son effort.

Avec le revolver modèle 1873, il abat l'arme dans la main gauche, met le chien au cran de sûreté, tourne, s'il est nécessaire, le barillet en sens contraire de sa rotation habituelle et recommence le tir.

Avec le revolver modèle 1892, il abat l'arme dans la main gauche, ouvre la porte, tourne, s'il est nécessaire, le barillet en sens contraire de sa rotation habituelle et recommence le tir. Tous les mouvements de rotation du barillet, quand il est rentré dans sa cage, doivent s'exécuter avec la porte ouverte.

Il est formellement interdit d'exécuter une rotation lorsque la porte est fermée, bien qu'il suffise, dans ce cas, d'exécuter une légère pression sur la détente pour rendre possible la rotation dans un sens ou dans l'autre.

Emploi du revolver avec le sabre à la main.

77. Abandonner le sabre, qui reste suspendu au poignet droit par la dragonne, et exécuter le mouvement de : *Haut le revolver.*

CHAPITRE II.

INSTRUCTION D'ENSEMBLE.

ARTICLE I.

ÉCOLE DE LA SECTION A PIED.

Composition de la section.

78. La section est composée de 18 à 32 hommes répartis entre trois ou quatre fractions de quatre, formées sur deux rangs, soit 12 à 16 files. Le premier rang de chaque fraction de quatre est toujours complet; les files creuses, lorsqu'il y en a, portent sur les numéros 2 et 3.

La section est commandée par un chef de section qui en est le guide.

Le guide ne cesse d'assurer la direction que pendant l'exécution des mouvements pour passer d'une formation à une autre; le mouvement terminé, il reprend la direction sans avertissement.

La surveillance de la section est assurée par un *serre-file*.

A l'instruction, le chef de section se fait remplacer comme guide par un gradé; lui-même surveille l'exécution des mouvements et redresse les fautes.

79. Les mouvements avec l'arme s'exécutent d'après les prescriptions de l'école du canonnier à pied.

Au maniement d'armes, les hommes armés du sabre portent l'arme au commandement : *L'arme sur l'épaule* = DROITE.

Ils reposent le sabre au commandement *Reposez* = ARME; ils le présentent au commandement de *Présentez* = ARME.

Formations de la section.

80. La section est formée en bataille sur deux rangs parallèles, les canonniers placés par rang de taille et numérotés par quatre, trois, six ou huit de la droite à la gauche.

Le chef de section se tient à 4 pas en avant de la file du centre de la section (file de base); le serre-file à 2 pas du second rang derrière le chef de section.

81. La colonne par quatre se compose de fractions de 8 hommes sur deux rangs placées les unes derrière les autres à 1 mètre de distance. Le chef de section se tient à 4 pas en avant de la fraction de tête, le serre-file à 2 pas sur l'un des flancs, à hauteur du second rang de la dernière fraction.

I. — SECTION EN BATAILLE.

Alignements.

82. Les alignements sont pris parallèlement ou obliquement au front, à droite (gauche) ou sur le centre. Le chef de section place préalablement, sur la nouvelle ligne, la file de droite (gauche), ou celle du centre, à moins qu'il ne veuille simplement rectifier l'alignement sur l'emplacement occupé.

A droite (gauche) ou *sur le centre* = Alignement,

Se porter, s'il y a lieu, sur la nouvelle ligne, en raccourcissant le dernier pas (de manière à se trouver en arrière de l'alignement) et s'arrêter, tourner la tête et les yeux du côté de la base, mettre le poing gauche au-dessus de la hanche, se porter à petits pas à côté de l'homme près duquel il faut se placer de manière que la ligne des yeux et celle des épaules se trouvent dans la direction de celles du voisin du côté de la base, toucher très légèrement le coude de ce dernier.

Au commandement :

Fixe,

replacer la tête dans la position directe et reprendre la position de l'arme au pied.

83. Pour aligner la section en arrière, la porter préalablement en arrière du nouveau front, l'aligner ensuite d'après les principes indiqués ci-dessus.

84. Dans les alignements, ainsi que dans tous les mouvements de pied ferme, les hommes armés du mousqueton soulèvent légèrement l'arme.

Il est essentiel que la section soit exercée à s'aligner très rapidement!

Marche en bataille.

85. *En avant* = Marche.

La file de base marche exactement dans les traces du chef de section qui assure la direction.

Chaque homme conserve l'alignement ainsi que l'intervalle qui le sépare de son voisin du côté de la file de base; il cède à la pression qui vient de ce côté et résiste à celle qui vient du côté opposé; il reprend insensiblement l'alignement ou son intervalle lorsqu'il les a perdus, et, tout en conservant toujours la tête haute, fixe les yeux sur le chef de section.

Lorsque le chef de section quitte momentanément sa place, il se fait remplacer par un sous-officier ou indique à haute voix le point sur lequel la file de base doit se diriger.

86. *Canonniers* = Halte.

S'arrêter, s'aligner rapidement sur la file de base, et reprendre la position directe.

Marche au pas gymnastique.

87. La section marche au pas gymnastique, passe du pas cadencé au pas gymnastique et réciproquement d'après les principes et à l'aide des commandements prescrits à l'instruction individuelle.

Demi-tour à droite.

88. La section fait demi-tour de pied ferme ou en marchant, par les moyens et à l'aide des commandements prescrits à l'instruction individuelle.

Le chef de section passant par la droite et le serre-file passant par la gauche se portent vivement à leurs nouvelles places au commandement préparatoire.

Changement de direction de pied ferme ou en marche.

89. *Changement de direction à droite (gauche)* = MARCHE.

Tourner légèrement la tête du côté de la file de base, qui raccourcit le pas et exécute une conversion en marchant dans les traces du chef de section; fixer les yeux sur ce dernier, qui indique du geste la nouvelle direction; allonger ou raccourcir insensiblement le pas en avançant l'épaule qui est du côté de l'aile marchante, de façon à maintenir toujours l'alignement du côté de la file de base.

Suivant le cas, la marche directe est reprise au commandement : *En avant* = MARCHE, ou la section s'arrête au commandement : *Canonniers* = HALTE.

II. — COLONNE PAR QUATRE.

La section étant en bataille la former en colonne par quatre.

1° EN AVANT DU FRONT.

90. *En avant par quatre* = MARCHE.

La section se forme en colonne par quatre par la droite, de pied ferme ou en marche, dans une direction quelconque, au commandement :

En avant par quatre = MARCHE.

La première fraction formée des quatre files de droite,

suit le chef de section, s'il est placé devant elle, ou marche dans la direction indiquée; les autres fractions marquent d'abord le pas, prennent leur place dans la colonne derrière celle qui les précède, soit en obliquant, soit en conversant.

Pour former la section en colonne par la gauche, en avant du front, faire précéder le commandement :

En avant par quatre = MARCHE de celui de : PAR LA GAUCHE.

2° A DROITE (GAUCHE).

90. *A droite (gauche) par quatre* = DROITE (GAUCHE).

Chaque fraction de quatre files fait face à droite (gauche) en pivotant alignée sur le n° 1 ou 4 du premier rang, qui tourne sur place.

Le serre-file fait face à droite (gauche) en même temps que les hommes.

Le mouvement est exécuté en marchant d'après les mêmes principes en substituant le commandement de MARCHE à celui de : DROITE.

La section étant en colonne par quatre, la former en bataille.

1° EN AVANT.

92. *En bataille* = MARCHE.

La fraction de tête ne bouge pas. Les autres fractions se portent sur la ligne au pas gymnastique par le chemin le plus court du côté du chef de section. Elles s'y arrêtent et s'alignent sur la première fraction de quatre.

93. La section en marche est formée en bataille pour continuer à marcher, à l'aide des commandements ci-dessus; pour l'arrêter, on substitue le commandement de HALTE à celui de MARCHE.

Suivant le cas, la fraction de tête continue à marcher ou s'arrête. Les autres fractions, en arrivant sur la ligne, continuent à marcher en prenant le pas de la fraction voisine, ou s'arrêtent à hauteur des fractions déjà placées.

2° FACE A GAUCHE (DROITE).

94. *En bataille face à gauche (droite)* = GAUCHE (DROITE).

Chaque fraction fait face à gauche (droite) en pivotant sur l'homme de gauche (droite) du premier rang, qui fait à gauche (droite).

95. La section en marche est formée en bataille face à gauche (droite) pour continuer à marcher ou pour s'arrêter, en substituant, selon le cas, le commandement de Marche ou celui de Halte au commandement de Gauche (droite).

Chaque fraction fait face à gauche (droite) et continue à marcher ou s'arrête, en s'alignant du côté vers lequel elle marchait.

Mouvements de la section en colonne.

96. La section en colonne marche, s'arrête, prend le pas gymnastique, fait demi-tour, change de direction d'après les principes prescrits pour la section en bataille et à l'aide des mêmes commandements.

Le chef de section dirige la marche. Les hommes du premier rang de chaque fraction gardent exactement la distance qui les sépare de la fraction précédente.

Dans les changements de direction, la fraction de tête converse en réglant son mouvement sur le chef de section. Les autres fractions changent de direction à la même place que celle qui précède, de manière qu'il n'y ait ni temps d'arrêt ni à-coup dans la marche.

III. — Dispositions particulières.

97. La section en bataille peut être formée en colonne par deux, puis reformée en bataille, au commandement :

A *droite* (*gauche*) = Droite (gauche).

La colonne par deux ainsi formée est mise en marche, change de direction et est arrêtée par les mêmes commandements et les mêmes moyens que la colonne par quatre.

Cette formation ne doit être employée qu'exceptionnellement, pour des parcours de faible étendue, lorsqu'on ne peut pas employer la colonne par quatre; par exemple, pour éviter un obstacle, pour franchir un passage étroit, etc.

98. La section peut être formée en colonne par trois, six, huit, au commandement :

A *droite* (*gauche*) par 3 (6, 8) = Droite (gauche).

Elle est reformée en bataille par les commandements employés pour la colonne par quatre.

La colonne par trois peut trouver son application à la manœuvre d'artillerie. La colonne par six, huit... peut être employée exceptionnellement pour réduire la longueur d'une colonne de route. Dans ce cas, on fait serrer les fractions de 6, 8, à un mètre de distance avant de mettre la colonne en marche.

Colonne de route.

99. La section en colonne de route marche sur le côté droit de la chaussée dont le reste demeure libre.

Le gradé placé devant le premier rang règle la marche suivant les ordres donnés; il apporte la plus grande attention à éviter les à-coups en allongeant ou en raccourcissant insensiblement le pas lorsqu'il doit modifier l'allure.

Les canonniers marchent au pas de route, portent l'arme à la bretelle ou à la grenadière et ne sont pas tenus d'observer le silence et la cadence du pas, mais conservent exactement leur place dans le rang.

Le pas de route est pris au commandement :

Pas de route = Marche.

100. La section au pas de route reprend le pas cadencé au commandement :

Pas cadencé = Marche.

Les canonniers rectifient la position de l'arme et reprennent la cadence du pas.

101. Pour les besoins du service, une troupe d'artillerie comprenant plusieurs sections peut être appelée à manœuvrer en colonne par quatre.

Cette colonne se forme, fait demi-tour, marche, change de direction, est remise en bataille sur l'un de ses flancs par les commandements et les moyens prescrits à l'école de section. Elle est arrêtée au commandement :

Canonniers = Halte.

TITRE II.

INSTRUCTION A PIED.

ANNEXES.

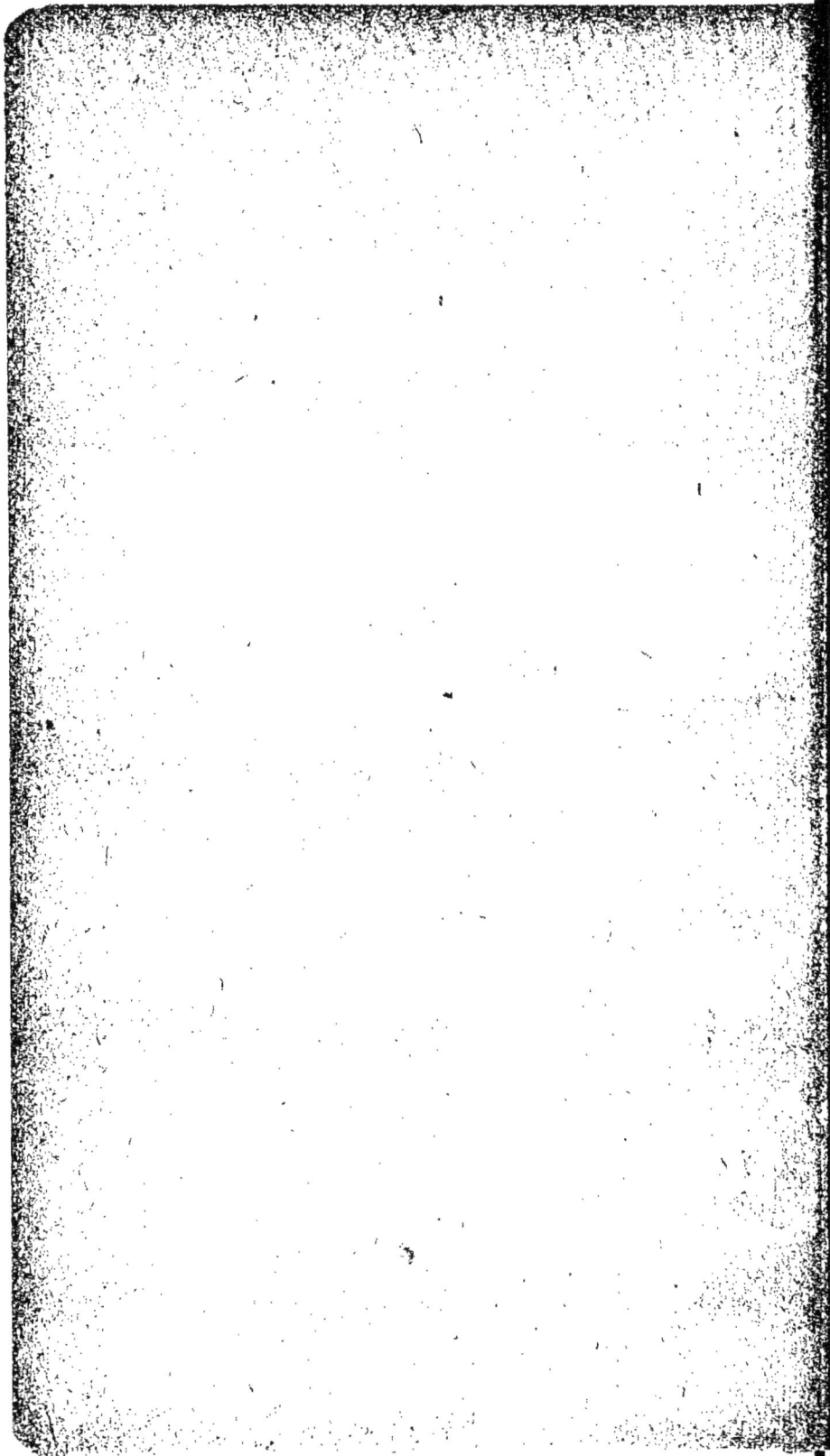

ANNEXE I.

ARMEMENT.

1. L'armement des troupes d'artillerie comprend :

Un *mousqueton* et un *sabre-baïonnette* pour les brigadiers et canonniers.

Un *revolver* et un *sabre* pour les gradés montés.

En outre, *en tenue de campagne*, les sous-officiers non montés, les ordonnances à pied ou montés sont armés seulement du revolver.

2. Il ne sera jamais demandé aux canonniers aucune récitation de nomenclature de l'armement. Leur instruction à ce sujet doit être exclusivement pratique et avoir uniquement pour objet de les mettre en état de comprendre les explications relatives au maniement de leurs armes, de les démonter, de les remonter et de les entretenir.

L'instruction intérieure sera généralement dirigée de manière que les canonniers soient familiarisés avec leurs armes au moment où ils commenceront le travail en armes. Dans tous les cas, avant d'exposer la théorie d'un mouvement, l'instructeur montrera et nommera aux canonniers les parties de l'arme dont il devra faire mention dans ses explications.

ARTICLE I.

Procédés généraux d'entretien des armes.

§ 1. — ACCESSOIRES POUR L'ENTRETIEN DES ARMES.

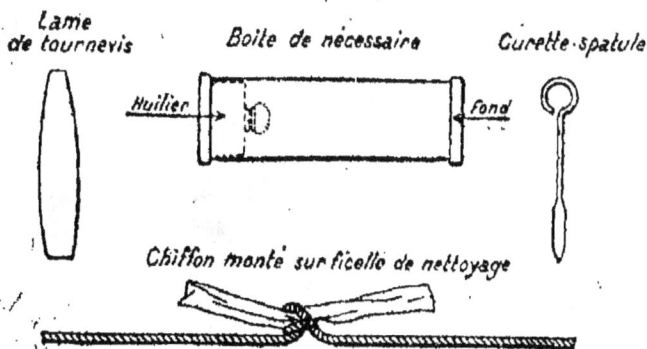

Fig. 1. Nécessaire d'armes.

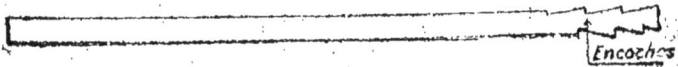

Fig. 2. Baguette en bois pour revolver M^le 1873.

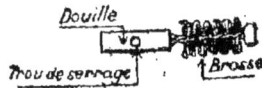

Ecouvillon de revolver.

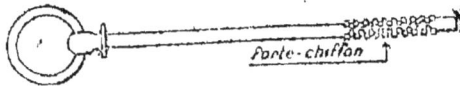

Fig. 3. Baguette pour revolver M^le 1892.

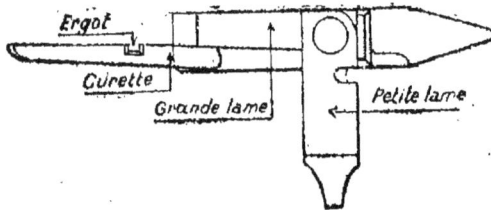

Fig. 4. Tournevis pour revolver M^le 1892.

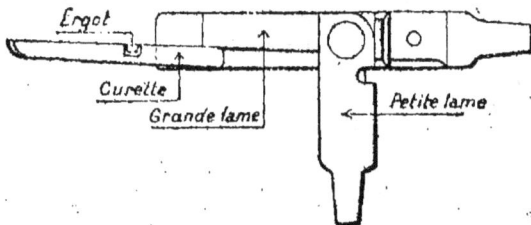

Fig. 5. Tournevis mixte M^le 1898.

Baguette de graissage

Écouvillon
Trou de serrage

Brosse

Poignée   *Tige*

Baguette de nettoyage

Fente pour le chiffon

Tournevis-chassoir

Encoche

Manche

Virole   *Lame*

Biseau

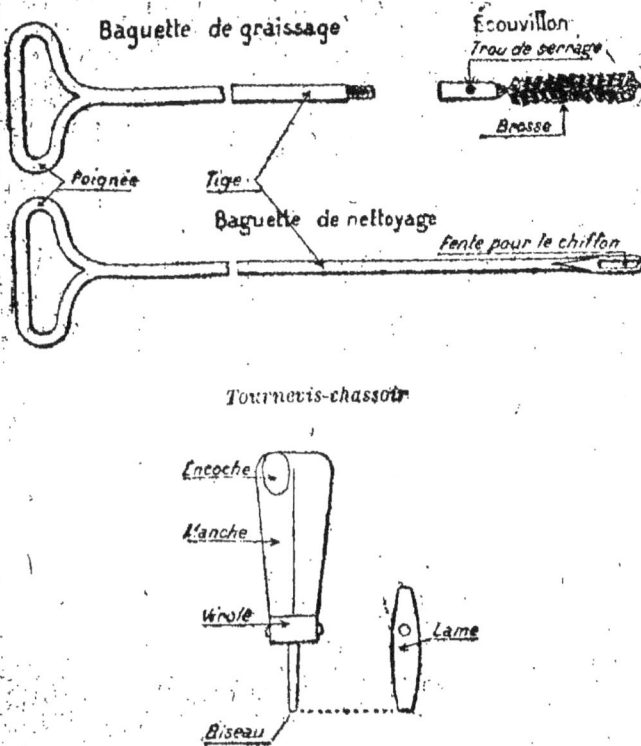

Fig. 6. Nécessaire de chambrée M¹⁶ 1896.

L'entretien des armes nécessite les opérations suivantes :

1° *Démontage*; 2° *nettoyage*; 3° *graissage*; 4° *remontage*.

3. Les accessoires que l'on emploie dans tous les cas et avec toutes les armes sont :

La *boîte à graisse* contenant de la graisse (1) et une pièce grasse;

La *brosse pour armes*;

Des *chiffons* de vieux linge et de drap;

Eventuellement, des curettes en bois tendre, de l'*huile* (1), de la *brique pilée* ou de la *brique anglaise*.

----

(1) On peut employer pour l'entretien des armes la graisse d'armes réglementaire, les graisses minérales, les huiles minérales, l'huile d'olive épurée, l'huile de pied de bœuf. Les graisses et huiles minérales doivent remplir les conditions fixées par la circulaire ministérielle du 26 octobre 1899. — B. O., r. n., 2° semestre. — N° 68.

4. Pour l'entretien des armes à feu, **en campagne et aux manœuvres,** on emploie en outre :

Pour le mousqueton :

Le *nécessaire d'armes* (1) renfermant la *lame-tournevis* et la *curette spatule* réunies dans une *trousse* en drap;

La *ficelle de nettoyage* (1), dont la longueur ne doit pas descendre au-dessous de 2 mètres.

Pour le revolver modèle 1873 :

Les mêmes accessoires que pour le mousqueton, sauf la ficelle, à la place de laquelle on emploie une *bande de toile* de longueur et de largeur convenables.

Pour le revolver modèle 1892 :

Le *tournevis pour revolver* modèle 1892 (officiers) ou le *tournevis mixte* modèle 1898 (hommes de troupe); une *bande de toile*, comme pour le revolver modèle 1873, mais de dimensions plus faibles.

5. Pour l'entretien des armes à feu dans le **service de garnison** on se sert des accessoires d'emploi général.

Pour le mousqueton :

Le *nécessaire de chambrée* modèle 1896 (2) comprenant : une *baguette de nettoyage*, une *baguette de graissage*, avec son *écouvillon* vissé (3); deux *tournevis-chassoirs* identiques.

Pour le revolver modèle 1873 :

Le *nécessaire de chambrée* modèle 1896; ou, pour les unités dans lesquelles ce nécessaire n'est pas en service, le *nécessaire d'armes* et une *baguette en bois* de 8 à 9 millimètres de diamètre et de 20 à 25 centimètres de longueur.

Pour le revolver modèle 1892, on emploie soit le *jeu d'accessoires pour revolver* modèle 1892, comprenant une *baguette pour revolver* munie d'un *écouvillon* et un *tournevis*; soit le *tournevis mixte* modèle 1898 et le *nécessaire de chambrée* modèle 1896.

---

(1) Le nécessaire d'armes et la ficelle de nettoyage sont emportés toutes les fois qu'une troupe doit rester en dehors de son casernement plus de quarante-huit heures. En cas de besoin, ces ustensiles peuvent être employés dans le service de garnison pour l'entretien des armes, lorsque l'ordre en est donné.

(2) Les nécessaires de chambrée ne sont jamais emportés hors de la garnison.

(3) Les canonniers ne doivent pas séparer l'écouvillon de la baguette; s'il se défait, ils le resserrent fortement au moyen d'une pointe introduite dans le trou de serrage.

6. Pour l'entretien des armes blanches dans le service de garnison, on utilise avec avantage, en dehors des accessoires d'emploi général, une *brosse dure*, et une *planchette de bois* présentant une face légèrement cintrée et recouverte de peau, sur laquelle on étale la brique.

§2. — PROCÉDÉS GÉNÉRAUX DE NETTOYAGE.

7. Pièces en acier non bronzées. — Lorsque ces pièces ne sont pas rouillées, les frotter fortement avec un linge ou un morceau de drap sec et propre.

Si elles présentent des taches de rouille, répandre d'abord un peu d'huile sur les taches et laisser la rouille s'imbiber quelques instants. Enlever ensuite les taches au moyen d'un linge propre huilé. Les taches qui ne peuvent être enlevées par ce moyen, SAUF TOUTEFOIS CELLES QUI SE TROUVENT A L'INTÉRIEUR DU CANON DES ARMES A FEU (1), doivent être frottées avec de la brique délayée dans la graisse, appliquée, suivant le cas, sur un linge, sur une brosse ou sur une curelle en bois.

Les pièces étant nettoyées et essuyées, les graisser légèrement.

On ne doit pas, dans cette opération, chercher à obtenir le poli brillant; on s'attachera à conserver le plus possible aux pièces leur poli, en évitant d'employer la brique pour leur nettoyage, tant que leur état d'oxydation ne rend pas cette opération indispensable.

8. Pour nettoyer les filets de vis, se servir d'un fil qu'on enroule de deux ou trois tours dans le filetage; pour les ressorts à boudin, employer une bande de linge très étroite, à laquelle on donne dans les spires un mouvement de va-et-vient. Avoir soin de ne laisser ni brique, ni aucune autre substance, dans les trous de vis et dans les encastrements. Mettre une goutte d'huile sur les filets de vis.

9. Pièces en acier mises en couleur. — Tout frottement dur ou prolongé ayant pour effet d'enlever à ces pièces la couche préservatrice, l'emploi de la brosse dure et de la brique est interdit. On ne doit se servir que de chiffons de linge, ou de morceaux de drap exempts de poussière.

Si la pièce n'est pas rouillée, la laver au besoin avec un linge ou un morceau de drap légèrement gras.

Les pièces étant nettoyées et essuyées, les passer à la pièce grasse.

_____

(1) Lorsqu'il existe dans un canon des taches de rouille que le linge huilé n'a pu enlever, l'arme doit être portée chez l'armurier.

10. Pièces en bronze ou en laiton. — Ces pièces se nettoient avec du tripoli ou de la brique anglaise et un peu de vinaigre ou d'alcool. Frotter avec un linge ou un morceau de drap, mais jamais avec une brosse ou une curette. Une fois nettoyées, ces pièces ne doivent être ni graissées, ni huilées; il suffit de les essuyer avec un morceau de linge ou de drap sec.

11. Pièces en bois. — Lorsqu'elles sont simplement humides ou souillées de poussière, les essuyer avec un linge sec.

Si elles présentent des taches de rouille, enlever ces dernières avec un morceau de drap imbibé d'huile.

Si, sous l'action de la pluie, le bois a pris un aspect rugueux, le frotter avec un chiffon huilé.

§ 3. — OBSERVATIONS GÉNÉRALES.

a) Démontage et remontage.

12. Il est sévèrement interdit aux canonniers de démonter aucune des pièces qui ne sont pas mentionnées par les instructions sur le démontage. Ces pièces doivent être nettoyées en place.

Les officiers eux-mêmes ne doivent pas donner l'ordre de séparer ces pièces.

13. Les ustensiles d'entretien et de démontage sont toujours entretenus en bon état; ils ne doivent présenter ni bavures, ni déformations graves, ni brèches. Il est interdit d'employer une lame de tournevis ébréchée ou tordue.

14. Pour défaire ou remettre une vis, placer l'arme ou la partie d'arme à plat sur une table ou sur une surface horizontale résistante. Avant de faire effort, surtout pour le démarrage ou le serrage à fond de la vis, saisir la pièce de la main gauche dans le voisinage de la vis, maintenir le tournevis dans la fente avec le pouce de cette main convenablement tournée.

Il faut, pour remettre une vis, engager à la main les premiers filets, en tournant au besoin en sens inverse du vissage, si la prise du filet ne se fait pas commodément.

Toutes les vis doivent être serrées à fond. Le plus grand soin et la plus grande surveillance doivent être apportés à l'observation de cette prescription, dont l'oubli peut donner

lieu à des défectuosités de fonctionnement, à des dégrada-
tions et même à des accidents.

Pour mettre à découvert et recouvrir la platine des revolvers modèle 1873 et modèle 1892, les canonniers sont autori-
sés à employer comme tournevis une pièce de 5 centimes.

15. Il est interdit de se servir de la boîte du nécessaire
d'armes pour frapper sur aucune pièce en bois ou en métal.

16. On ne doit pas se servir non plus de la lame des tournevis pour faire levier sur des pièces métalliques, sauf pour
soulever la plaque de recouvrement du revolver modèle 1873.

b) Nettoyage et graissage.

17. Le canonnier doit, toutes les fois que cela est possible, nettoyer son arme immédiatement après s'en être servi.
Tout retard rend le nettoyage plus long et plus difficile à
exécuter.

Le nettoyage ne doit jamais amener l'usure et, par suite,
un changement de forme ou de dimensions des pièces.

Toutes les armes ou pièces d'armes qui n'ont pu être dé-
rouillées par les moyens réglementaires doivent être portées
chez l'armurier.

L'emploi de l'émeri ou du grès pour le nettoyage de n'importe quelle pièce d'arme est interdit.

Les parties des pièces difficiles à atteindre doivent être
nettoyées à l'aide de curettes en bois tendre et de chiffons
peu épais, et jamais avec des lames de tournevis ou autres
objets métalliques. Il faut nettoyer avec soin les vis et leur
logement, les axes et les trous d'axe, de façon à enlever la
rouille, la crasse et les corps étrangers qui peuvent occa-
sionner les duretés de manœuvre.

18. Pendant le nettoyage et le graissage, on doit éviter,
pour ne pas les fausser, de placer en porte-à-faux les pièces
en acier, telles que les ressorts, les percuteurs des mousquetons, les baguettes, les lames et les fourreaux de sabre, et,
en général, toutes les pièces un peu longues par rapport à
leur épaisseur.

19. Il est absolument interdit d'employer au nettoyage des
canons la baguette de graissage, séparée ou non de l'écouvillon.

Quand on ne dispose pas, pour le graissage, d'une baguette à écouvillon, on remplace le chiffon de nettoyage par.

un chiffon gras, avec lequel on graisse l'intérieur du canon et la chambre.

Avant de nettoyer le canon avec la ficelle, s'assurer que la surface de cette dernière est exempte de poussières adhérentes.

La substitution de fils métalliques à la ficelle et l'emploi de la baguette en acier fixée à l'arme sont interdits.

20. Avant le remontage de toutes les pièces présentant des parties frottantes ou pivotantes, on doit mettre une goutte d'huile sur ces parties. Il en est de même de toutes les vis et de leurs écrous. En particulier, la tranche arrière des tenons de la tête mobile doit être lubréfiée avec soin.

Avant de graisser une pièce quelconque, avoir soin d'enlever la vieille graisse.

21. Toutes les pièces en acier des armes remontées doivent toujours être graissées de façon à être légèrement onctueuses, et le canonnier doit, avant de se servir de ses armes, avoir soin de les essuyer avec un linge sec.

Le graissage des armes doit être renouvelé au moins une fois par quinzaine. On ne doit jamais graisser sans avoir préalablement procédé au nettoyage.

22. Les officiers de batterie passent une fois par mois la visite détaillée des armes. Pour ces revues mensuelles, les armes complètement nettoyées, exemptes de graisse et d'huile, sont disposées sur les lits, dans l'état de démontage qui sera indiqué pour chaque arme, au paragraphe : Nettoyage mensuel.

ARTICLE II.

MOUSQUETON MODÈLE 1892.

Renseignements.

23. 1° **Mousqueton** :

Calibre de l'arme		8ᵐᵐ
Poids de l'arme { non chargée.		3ᵏ,100
sans sabre-baïonnette { chargée avec un chargeur.		3ᵏ,200
Poids { sans fourreau.		0ᵏ,425
du sabre-baïonnette { avec fourreau.		0ᵏ,640

2° **Cartouches** : Le mousqueton d'artillerie emploie quatre sortes de cartouches.

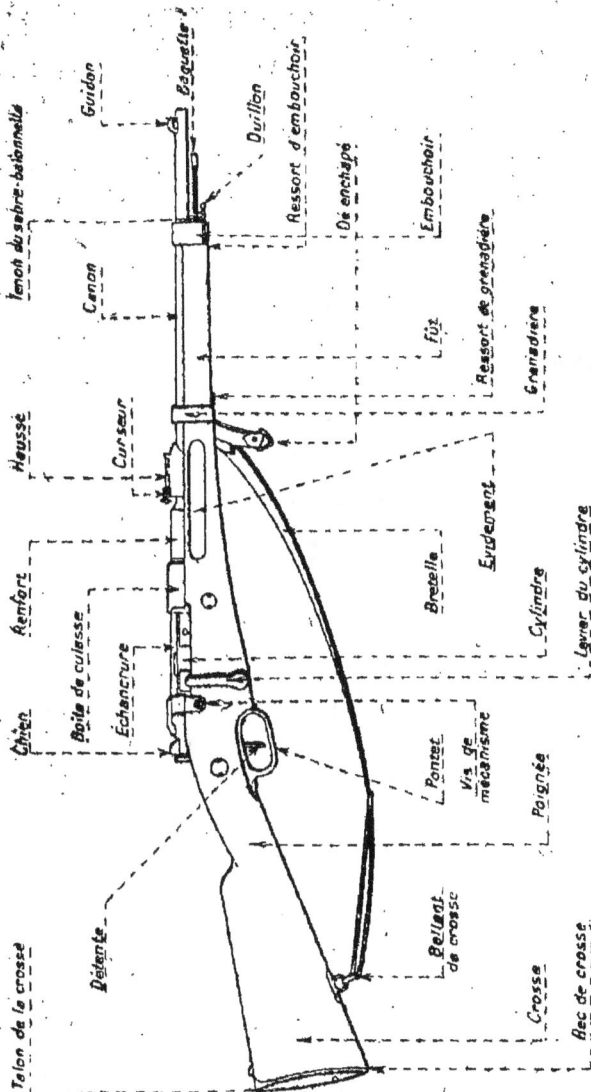

Fig. 7. Mousqueton d'artillerie M⁰ 1892. [Vue d'ensemble (1).]

La cartouche à balle modèle 1886 et la cartouche à blanc modèle 1897 du mousqueton d'artillerie modèle 1892 sont les mêmes que celles du fusil d'infanterie modèle 1886.

(1) Dans les régiments de montagne l'embouchoir est muni d'un quillon permettant de former les faisceaux sans mettre la baïonnette au canon. De plus, la bretelle de mousqueton porte un dé enchapé pour suspendre l'arme au crochet de bretelle du havresac.

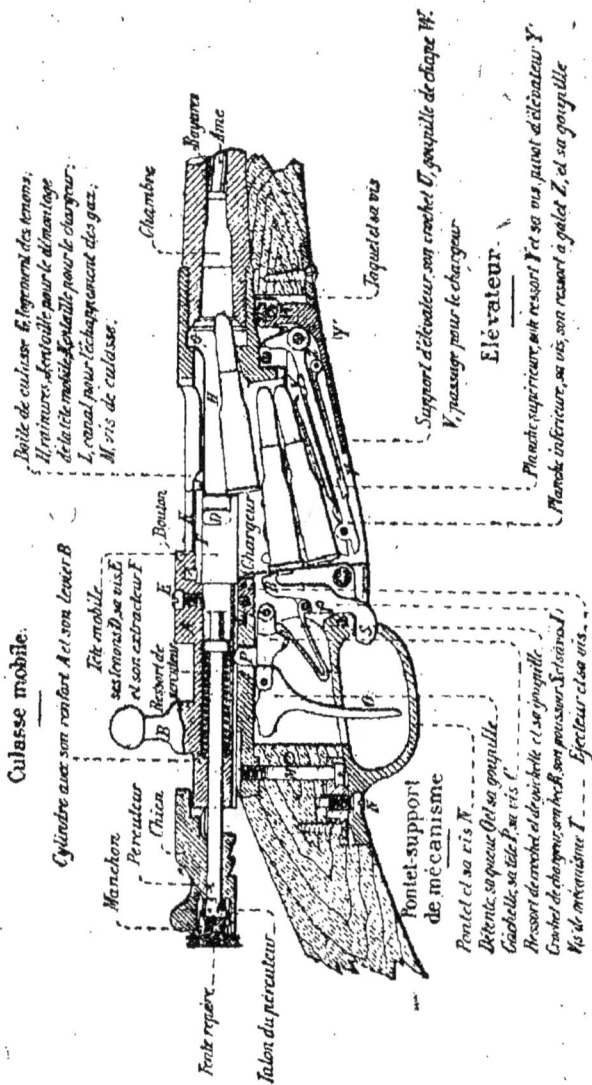

Culasse mobile.

Cylindre avec son ressort A et son levier B

Boîte de culasse E, logement des tenons; H rainures, fente/taille pour le démontage de la tête mobile K, entaille pour le chargeur, L canal pour l'échappement des gaz, M vis de culasse.

Fût mobile, se démonte D, sa vis K et son extracteur F

B Ressort de percuteur

Manchon
Percuteur
Chien

Fente repère
Talon du percuteur

Fût mobile
E
Bouton
Chambre
Rayures
âme
Chargeur

Support d'élévateur, son crochet U, goupille de clape W, V passage pour le chargeur

Taquet de sa vis

Élévateur

Planche supérieure aux ressort Y et sa vis, junot d'élévateur Y.
Planche inférieure, sa vis, son ressort à galet Z, et sa goupille

Pontet-support de mécanisme

Pontet et sa vis N
Détente, sa queue Q et sa goupille
Gâchette, sa tête P, sa vis C
Ressort de détente et d'éjecteur et sa goupille
Crochet de chargeur, son levier R, son poussoir S et sa vis J
Vis de mécanisme T — Éjecteur et sa vis.

Fig. 8. Mousqueton d'artillerie M⁰ 1892.
(Mécanisme de culasse.)

Dans la cartouche à balle, la balle est formée d'un noyau de plomb durci avec une enveloppe de maillechort.

Poids de la balle.	15g,00
Poids de la poudre.	2g,75
Poids total de la cartouche.	29g,00 environ.

3° Chargeurs :

Remplissage des chargeurs d'instruction :

Introduire une première cartouche par l'avant du chargeur, le long des arrondis d'un des bords; amener le culot au contact du fond du chargeur et faire descendre la cartouche.

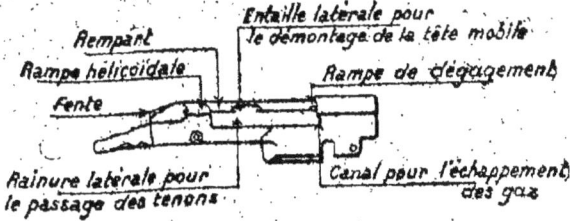

Fig. 9. Mousqueton d'artillerie M¹° 1892 (boîte de culasse).

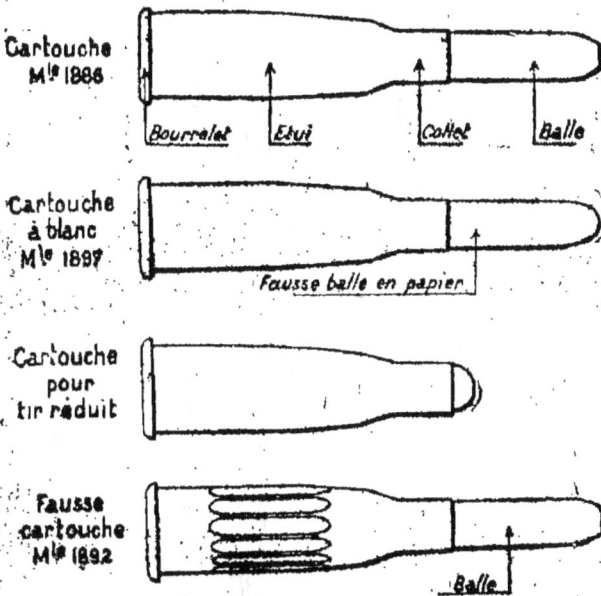

Fig. 10. Cartouches pour mousqueton M¹° 1892 (1).

contre les arrondis de l'autre bord; introduire successivement de la même manière les deux cartouches suivantes, en ayant soin que les bourrelets soient bien en arrière des nervures postérieures.

_____

(1) L'instruction sur les cartouches en service, pour mousqueton modèle 1892 devra être, chaque année dans chaque batterie, donnée par un officier à tout le personnel de troupe, d'après les indications du placard approuvé par le Ministre le 19 novembre 1897.

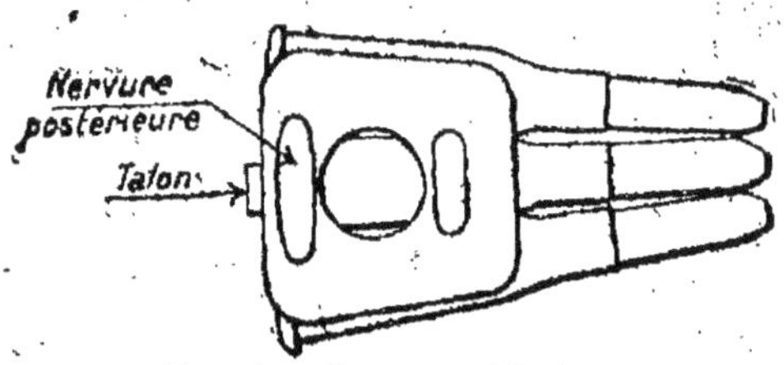

Fig. 11. Chargeur M¹ 1890.

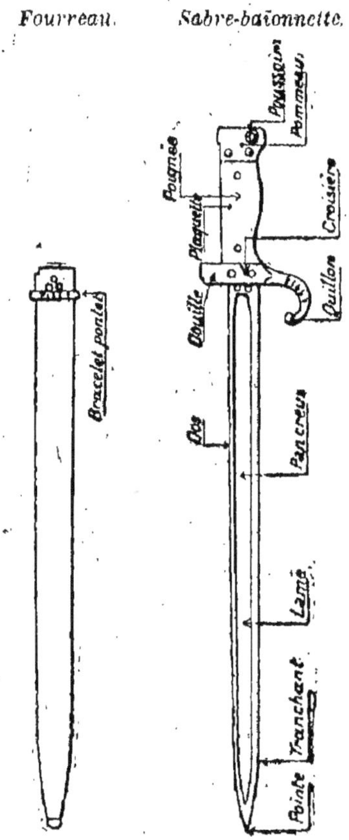

Fig. 12. Sabre-baïonnette.

§ 1. — DÉMONTAGE ET REMONTAGE.

A. Démontage.

24. La bretelle ayant été retirée, le démontage s'opère dans l'ordre suivant :

1° *Culasse mobile;* 2° *mécanisme;* 3° *canon.*

25. Culasse mobile. — Pour retirer la culasse mobile de la boîte, ouvrir la culasse; amener la culasse mobile en arrière jusqu'à ce que le tenon gauche de fermeture soit au milieu de l'entaille pour le démontage de la tête mobile, desserrer la vis d'assemblage du cylindre et de la tête mobile de la quantité nécessaire pour séparer ces deux pièces (la dévisser de trois ou quatre filets jusqu'à ce que la tête de la vis soit complètement visible hors de son trou); rabattre la tête mobile à droite en faisant tourner le manchon uniquement avec la main jusqu'à ce que le bouton soit dégagé de son logement dans le cylindre; faire sortir la culasse mobile de la boîte de culasse; enlever la tête mobile restée dans la boîte.

Il est interdit de dévisser la vis d'assemblage tant que la tête mobile demeure engagée à la position de fermeture dans l'avant de la boîte de culasse.

La culasse mobile étant séparée de la boîte, pour la démonter complètement, mettre le chien à l'abattu, faire tourner avec la main, sans jamais se servir du tournevis, le manchon, de manière à mettre sa fente de repère dans le prolongement de celle du chien; appuyer la pointe du percuteur sur un morceau de bois dur ou dans le trou de la tête de baguette, en maintenant le cylindre aussi verticalement que possible; faire effort sur le levier du cylindre pour comprimer le ressort du percuteur et faire sortir le manchon de son logement; dégager le manchon du T du percuteur et laisser le ressort se détendre librement; séparer le cylindre, le chien, le percuteur et le ressort du percuteur.

26. Mécanisme. — Dévisser la vis du pontet, puis la vis du mécanisme, en maintenant d'une main le pontet dans son logement, pendant que l'on retire la vis de mécanisme avec l'autre main. Saisir le pontet de la main droite et le faire pivoter vers l'avant pour dégager le crochet de support d'élévateur; séparer le mécanisme de la monture.

Pour démonter entièrement le mécanisme (1):

1° Dévisser la vis pivot d'élévateur et l'enlever en maintenant la tête d'élévateur en place avec le pouce de la main gauche; retirer l'élévateur;

2° Enlever la vis de gâchette et la gâchette réunie à la détente;

3° Enlever la vis de crochet de chargeur; saisir le ressort de crochet et le tirer en arrière et vers le haut pour faire sortir le crochet de son logement.

---

(1) Le mécanisme ne doit être démonté qu'exceptionnellement, au cas de mauvais fonctionnement ou d'oxydation des parties engagées dans le corps du mécanisme, et seulement sur l'ordre d'un officier.

27. Canon. — Dévisser et enlever la baguette; dévisser la vis de culasse; enlever l'embouchoir, puis la grenadière.

En garnison, quand l'embouchoir et la grenadière ne peuvent être chassés ou remis en place commodément, on agit sur eux dans le sens convenable avec le manche du tourne-vis-chassoir, en appliquant l'une des encoches le long du canon.

En campagne ou aux manœuvres, on doit se servir, comme chassoirs, de cales en bois, sur lesquelles on agit avec un marteau ou un objet lourd.

Séparer le canon du bois : à cet effet, renverser l'arme dans la main gauche, le canon en dessous; saisir la monture de la main droite à la poignée et donner quelques saccades, jusqu'à ce que le canon soit dégagé de son logement.

B. Remontage.

28. Le remontage s'opère dans l'ordre inverse de celui qui vient d'être indiqué pour le démontage et en tenant compte des recommandations suivantes :

29. Canon. — En remontant le canon, placer l'anneau de grenadière et le canal de baguette de l'embouchoir du côté opposé à l'échancrure de boîte de culasse.

30. Mécanisme. — En remontant la gâchette avec la détente, avoir soin d'engager d'abord la queue de celle-ci dans la fente du pontet. Pour replacer la vis d'élévateur, appuyer fortement sur la tête de la planche inférieure. Pour replacer le mécanisme : introduire l'avant du support d'élévateur de manière que le crochet antérieur vienne emboîter sa goupille dans la boîte de culasse faire pivoter le mécanisme autour de cette goupille pour le mettre à fond dans son logement, et le maintenir pendant qu'on replace la vis de mécanisme.

31. Culasse mobile. — Assembler sur le cylindre : le percuteur, son ressort et le chien, celui-ci à la position de l'abattu; comprimer le ressort du percuteur comme pour le démontage; engager le manchon sur le T du percuteur; l'amener en face de l'entrée de son logement dans le chien et laisser le percuteur et le ressort se détendre lentement.

Les pièces de la culasse mobile étant ainsi réunies, à l'exception de la tête mobile, et la vis d'assemblage étant placée sur le cylindre à la position de démontage (engagée de trois ou quatre filets seulement), mettre le chien au cran de l'armé, et tourner le manchon de façon que sa fente de repère soit

perpendiculaire à celle du chien. Placer la tête mobile dans
la boîte de culasse, le bouton à droite, appuyé contre le rempart; engager la culasse mobile dans sa boîte en faisant pé-
nétrer le percuteur dans la tête mobile; faire tourner cette
dernière à gauche, en tournant le manchon dans le même
sens, pour amener le bouton dans son logement; serrer à
fond la vis d'assemblage du cylindre et de la tête mobile.

§2. — ENTRETIEN.

Nettoyage mensuel.

32. Faire le démontage complet, tel qu'il est prescrit au
paragraphe précédent : nettoyer et graisser séparément chaque pièce en se conformant aux prescriptions contenues dans
l'article 1 et complétées par les suivantes :

33. Canon. — La manière de procéder au nettoyage de
l'intérieur du canon est différente, suivant que l'on dispose
ou non du nécessaire de chambrée.

a) NETTOYAGE A L'AIDE DU NÉCESSAIRE DE CHAMBRÉE. — Pour
nettoyer l'intérieur du canon, passer dans la fente de la baguette de nettoyage une bande de toile de 0",10 à 0",15 de
longueur et de 5 à 7 centimètres de largeur suivant l'épaisseur de la bande. L'employer sèche ou imbibée de graisse,
suivant le cas.

Enlever la culasse mobile et le mécanisme. Introduire la
baguette dans l'âme par la bouche du canon. Saisir la poignée de la baguette à pleine main, la tige passant entre l'index et le doigt du milieu; imprimer sans brusquerie à la
baguette un mouvement de va-et-vient sur toute la longueur
du canon et la laisser en même temps tourner en suivant le
sens des rayures. Avoir soin, à chaque passe, de faire sortir
le chiffon hors de l'âme. Cinq ou six passes suffisent ordinairement pour nettoyer l'intérieur du canon.

L'intérieur du canon étant nettoyé, le graisser légèrement
à l'aide de la baguette de graissage. A cet effet, imprégner
légèrement de graisse la brosse de l'écouvillon; engager
l'écouvillon dans l'âme et faire une seule passe aller et re-
tour.

b) NETTOYAGE A LA FICELLE. — Enlever la culasse mobile et
le mécanisme; prendre un chiffon, choisi comme il a été dit

pour le nettoyage à la baguette, l'engager dans un nœud
gansé (voir fig. 1) formé au milieu de la ficelle, et l'introduire à force dans le canon. Le manœuvrer en agissant alternativement sur les deux bouts de la ficelle, l'arme
étant maintenue aussi immobile que possible, et en faisant
sortir le chiffon entièrement du canon à chaque mouvement
alternatif.

Cette opération doit, autant que possible, être exécutée
par deux canonniers qui maintiennent l'arme horizontalement.
Quand le nettoyage est fait par un homme seul, celui-ci doit
soutenir l'arme de la main gauche sous l'arrière du fût pour
tirer le chiffon de la bouche vers la culasse et la faire reposer sur la crosse pour le mouvement inverse. Il est formellement interdit d'attacher un des bouts de la ficelle à un
support fixe et d'exécuter le nettoyage en donnant à l'arme
un mouvement de va-et-vient le long de la ficelle.

Pour le graissage, remplacer par un chiffon gras le chiffon employé pour le nettoyage.

Le canon des mousquetons ne doit jamais être lavé à
l'eau, même après le tir réduit, qui laisse un dépôt plus adhé-
rent que le tir de la cartouche de guerre.

34. Quand la culasse mobile est remise en place, mettre
une goutte d'huile sur la rampe de la tranche postérieure de
l'échancrure de la boîte et sur la rampe de dégagement, puis
faire marcher plusieurs fois le mécanisme de fermeture.

35. Faire jouer le curseur de la hausse pendant le graissage de la planchette et mettre une goutte d'huile à la char-
nière.

Nettoyage sommaire après les exercices.

36. Une arme ne doit jamais être replacée au râtelier sans
être en parfait état de nettoyage et de graissage. Si l'arme a
été nettoyée à fond depuis peu, et si le temps a été beau et
sans poussière pendant les exercices, on peut se contenter
d'un nettoyage sommaire.

Dans ce cas, le canon n'est pas séparé du fût; la culasse
mobile n'est pas retirée; on la graisse légèrement en la dé-
plaçant de façon à en atteindre toute la surface.

Si l'arme a été mouillée, procéder comme dans le cas du
nettoyage mensuel.

En outre, si, pendant la manœuvre, on a retiré le sabre-
baïonnette du fourreau, faire égoutter aussi complètement
que possible l'eau qui peut avoir pénétré dans ce dernier.

Nettoyage après le tir.

37. Après le tir, procéder comme pour le nettoyage mensuel.

38. Les mousquetons remontés et replacés dans les chambres doivent avoir la culasse mobile fermée, le chien à l'abattu, et ne doivent jamais contenir de cartouches. Il en est de même dans toutes les circonstances du service autres que le maniement des armes et le tir.

La bouche du canon ne doit jamais être obturée, ni au râtelier, ni à l'extérieur.

La culasse ne doit jamais être entourée de chiffons, ni de gaine en cuir ou tissu.

§ 3. — INSPECTION DES ARMES.

39. Toutes les fois que la troupe prend les armes, les sous-officiers doivent s'assurer qu'elles sont en bon état et vérifier, s'il y a lieu, que les cartouches dont les hommes sont détenteurs sont bien du type approprié à l'exercice ou au genre de tir que l'on va exécuter. Avant les tirs, ils doivent vérifier soigneusement l'état du canon et des pièces du mécanisme.

L'attention des gradés qui passent l'inspection se portera particulièrement :

Sur l'*âme*, qui ne doit pas contenir de corps étrangers (1); sur la *chambre*, qui ne doit pas présenter de bavures et doit être très légèrement onctueuse pour les exercices, et complètement essuyée, si l'on se rend au tir; sur la *vis de culasse* et la *vis inférieure du pontet*, qui doivent être serrées à fond; sur le *percuteur*, qui ne doit pas être émoussé ni présenter de bavures; enfin, sur la *planche supérieure d'élévateur* et sur les *ressorts d'élévateur* ; en appuyant sur cette planche en plusieurs points, elle doit s'abaisser et se relever franchement.

Après le tir, on s'assure, en faisant ouvrir la culasse mobile et introduire la baguette, qu'aucune arme n'est chargée, et l'on examine spécialement celles qui n'ont pas fonctionné régulièrement; en règle générale, une arme signalée comme défectueuse doit être soumise à l'examen du commandant de la batterie et envoyée, le cas échéant, chez le chef armurier.

---

(1) Pour s'en assurer, il faut introduire doucement la baguette dans le canon, jusqu'à ce qu'elle vienne reposer sur la cuvette de la tête mobile, puis, après avoir retiré la baguette, il faut ouvrir la culasse et mettre le chien à l'abattu pour faire sortir le percuteur.

ARTICLE III.

REVOLVER MODÈLE 1873.

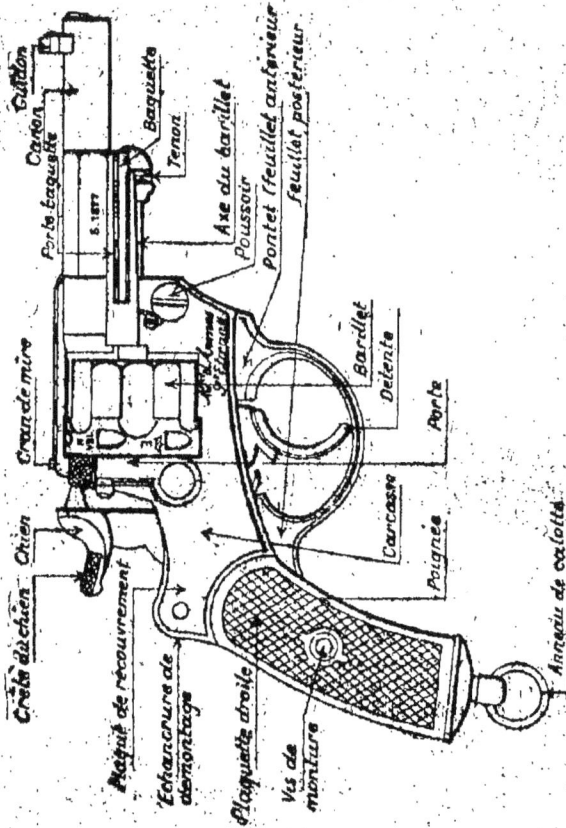

Fig. 13. Revolver M¹ᵉ 1873. (Vue du côté droit.)

Renseignements.

40.

1° Revolver :

Calibre de l'arme. 11ᵐᵐ

Poids de l'arme { non chargée. 1ᵏᵍ,200
{ chargée à 6 cartouches. 1ᵏᵍ,300

Mentonnet .sa griffe
Percuteur
Chien
Crète
Axe du chien
Chainette et son pivot
G.ᵗ ressort , sa griffe
Clef du g.ᵈ ressort
Etouleau
Oreille latérale
Calotte
Talon du porte
Gâchette
Ressort de gâchette
Barrette
Détente
Ressort de détente
Poussoir
Crochet à bascule
Axe du barillet
Tête d'axe du barillet
Lame tournevis
Crète de baguette

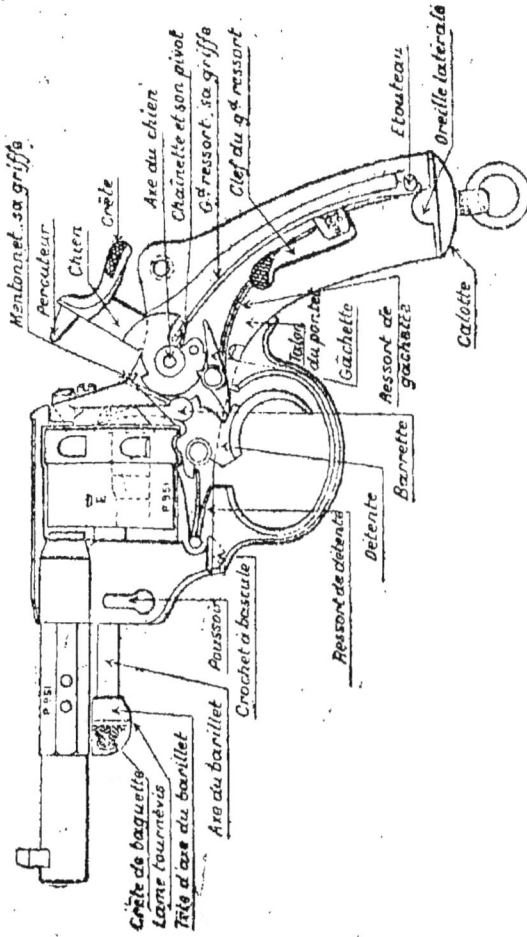

Fig. 14. Revolver M¹ᵉ 1873. (Vue d'ensemble du mécanisme.)

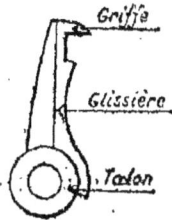

Griffe
Glissière
Talon

Fig. 15. Mentonnet.

Talon antérieur

Ailettes

Talon postérieur

Queue

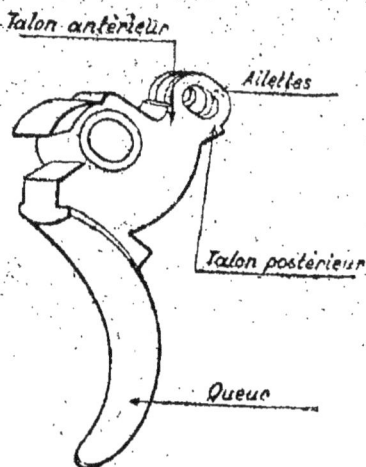

Fig. 16. Détente.

Bourrelet   Étui   Balle

Fausse balle
en papier

Fig. 17. Cartouches pour revolver Mⁱᵉ 1873.

2° Cartouches :

Le revolver modèle 1873 tire deux sortes de cartouches (voir fig. 17).

Poids de la balle. 11gr
Poids de la poudre (poudre de chasse superfine. 0gr,80
Poids de la cartouche de guerre modèle 1873-1890. . . . . 16gr

§ 4. — DÉMONTAGE ET REMONTAGE.

41. Le démontage s'opère dans l'ordre suivant :

1° barillet; 2° plaque de recouvrement et plaquette gauche; 3° platine; 4° porte; 5° plaquette droite de la monture;

De plus, mais seulement en cas de nécessité absolue, et sur l'ordre d'un officier ou d'un sous-officier :

6° *baguette, poussoir, anneau de calotte, clef de grand ressort.*

Barillet.

42. Démontage. — Placer le revolver à plat dans la main gauche, la baguette en dessus, le pouce sur le poussoir; faire effort avec le pouce de la main droite sur la crête de la baguette, la pousser en avant jusqu'à ce que le pivot d'axe du barillet soit dégagé, et la rejeter à gauche; presser avec le pouce de la main gauche sur le poussoir, et appuyer en même temps avec le pouce et le premier doigt de la main droite sous la tête de l'axe du barillet, pour le dégager de son canal.

Amener la face plane de la tête de baguette au-dessus et contre l'entaille de la lame-tournevis, de manière à faire rentrer complètement la vis de baguette dans son logement. Mettre le chien au cran de sûreté. Ouvrir la porte. Avec le pouce et l'index de la main gauche, soulever le barillet, l'enlever avec la main droite.

Remontage. — Engager l'axe du barillet jusqu'à ce que la griffe du poussoir tombe dans le cran postérieur. Amener la face plane de la tête de baguette au-dessus et contre l'entaille de la lame-tournevis, de manière à faire rentrer complètement la vis de baguette dans son logement. Mettre le chien au cran de sûreté. Ouvrir la porte. Laisser le barillet descendre librement dans sa cage (son canal se place de lui-même dans le prolongement de l'axe, si l'on évite de déranger le barillet avec la main gauche). Pousser l'axe à fond avec la main droite; coiffer le pivot avec la tête de baguette; fermer la porte; mettre le chien à l'abattu.

Nota. — Le simple démontage du barillet n'oblige pas à dégager l'axe entièrement; il suffit de le tirer jusqu'au cran postérieur.

Plaque de recouvrement et plaquette gauche.

43. Pour mettre la platine à découvert, dévisser la vis de plaque de recouvrement; introduire la lame du tournevis dans l'échancrure de démontage; soulever la plaque en maintenant la monture avec la main gauche; enlever la plaquette gauche.

Platine, porte et monture.

44. Démontage. — Pour retirer le grand ressort, mettre

le chien à l'abattu; ouvrir doucement la clef de dedans en dehors, en appuyant sur sa crête; dégager le ressort de l'étouteau et la griffe des pivots de chaînette; enlever le ressort.

Conduire le chien au cran de l'armé; appuyer sur la détente, de manière à supprimer tout contact de la gâchette et du mentonnet avec le chien; enlever le chien, et cesser d'appuyer sur la détente.

Engager le pouce de la main droite dans le pontet et presser sur le feuillet postérieur pour dégager le T de son logement.

Retirer la gâchette de son axe.

Faire tourner le ressort de gâchette autour de son pivot pour faire sortir le tenon de son encastrement; enlever le ressort.

La détente étant ramenée en avant contre le corps de platine, tenir l'arme à plat dans la main gauche, la poignée en avant; appuyer sur la barrette pour retirer sa tête de son logement, et amener en même temps le talon postérieur du nœud de la détente en contact avec le talon du mentonnet; il ne reste plus qu'à soulever la détente pour la retirer. Séparer la barrette et le mentonnet.

La porte étant fermée, desserrer la vis du ressort de trois tours environ, et dégager la porte de son pivot, sans presser sur le ressort.

Dévisser la vis de monture et enlever la plaquette droite, sans chercher à séparer la rosette de monture, qui peut être nettoyée en place.

Remontage. — Remettre en place la plaquette droite et, s'il y a lieu, la rosette de monture (l'oreille postérieure et son logement sont marqués chacun d'un coup de pointeau); replacer la vis de monture.

Replacer la porte sur son pivot, la fermer et resserrer la vis.

Introduire l'œil du mentonnet entre les deux ailettes de la détente, le talon du mentonnet touchant le talon postérieur du nœud de la détente; enfoncer le pivot de barrette dans les trous de la détente et du mentonnet; faire porter le ressort de la barrette contre la glissière du mentonnet, engager la détente sur son axe, la barrette en avant et le mentonnet en arrière de l'axe du chien; ramener la queue de détente d'abord vers l'avant, ensuite vers l'arrière de l'arme, pour conduire le bec de barrette dans son logement, et faire passer le mentonnet en avant de l'axe du chien.

Placer le ressort de détente, les deux branches sous la griffe de la détente.

Le pivot du ressort de gâchette étant mis en place, faire tourner le ressort pour amener le tenon au fond de son encastrement.

Engager la gâchette sur son axe, le cran en avant, la queue en arrière et contre l'axe du chien, et, lorsqu'elle rencontre l'épaulement de la carcasse, la faire tourner en comprimant son ressort, pour la descendre à fond.

Placer la queue de détente dans une direction perpendiculaire à celle du canon, la griffe du mentonnet s'appuyant sur l'axe du chien; introduire le crochet à bascule dans le logement du feuillet antérieur du pontet; presser avec la paume de la main droite sur le corps du pontet, pour chasser le T dans son logement.

Saisir la poignée avec la main gauche, le premier doigt sur la détente, pousser en même temps la queue de gâchette en arrière; agir sur la détente de manière à soulever autant que possible la tête de gâchette appuyée sur le talon de départ. Engager le chien sur son axe et le conduire à l'abattu, avant d'abandonner la détente.

Maintenir avec le pouce de la main gauche les pivots de chainette en arrière, pour introduire aisément la griffe du grand ressort; pousser ensuite la chainette en avant, en agissant sur le ressort, dont l'épaulement vient se placer contre l'étouteau.

Fermer la clef du grand ressort progressivement et sans à-coup, le pouce de la main droite sur le méplat postérieur.

Remettre en place la plaquette gauche, la plaque de recouvrement et la vis de plaque.

Baguette, poussoir, anneau de calotte, clef du grand ressort.

45. Pour ôter ou remettre la baguette, enlever la vis de baguette; à cet effet, conduire la tête de baguette jusqu'au fond de la fente du porte-baguette.

Pour enlever le poussoir, le maintenir avec l'index de la main gauche, les autres doigts embrassant la carcasse, pendant qu'on agit avec le tournevis sur le bouton du poussoir. Dans le remontage, il est essentiel de mettre le bouton bien à fond, pour ne pas diminuer l'action du ressort à boudin.

Pour enlever ou remettre l'anneau de calotte, tourner le pivot de manière que la tête de la vis-goupille soit du côté opposé à l'oreille latérale.

La clef du grand ressort se démonte en chassant sa goupille.

§ 2. — ENTRETIEN

Nettoyage mensuel.

46. Démonter le barillet, la plaque de recouvrement, et, si l'ordre en est donné par un officier, les autres pièces dont le démontage a été indiqué au paragraphe précédent.

Faire le graissage de chaque pièce, en se conformant aux prescriptions contenues dans l'article 1 et complétées par les suivantes :

Prendre une bande de linge de 0ᵐ,10 à 0ᵐ,15 de longueur et d'une largeur telle qu'elle ne force que modérément dans le canon. Monter ce chiffon sur la baguette de nettoyage ou sur la baguette en bois. Maintenir le chiffon sec ou l'imbiber d'huile, suivant le cas. Introduire par la bouche l'extrémité entourée du chiffon, imprimer à la baguette un mouvement de va-et-vient sur toute la longueur du canon et la faire en même temps tourner en suivant le sens des rayures.

47. A défaut de baguette, employer simplement un chiffon, qu'on engage dans le canon à l'aide d'une ficelle attachée à l'un de ses coins.

Nettoyer les chambres du barillet, comme il vient d'être dit pour le canon.

Employer une curette en bois pour le nettoyage du canal de l'axe et des dents de la crémaillère.

Graisser l'intérieur du canon et les chambres du barillet avec la baguette à écouvillon ou avec un chiffon gras enroulé sur la baguette en bois.

Lorsque la platine est démontée, nettoyer les trous du chien, de la gâchette et de la détente, avec un linge humide, et les essuyer ensuite avec un linge sec.

Pour huiler l'axe de la porte, ouvrir à moitié celle-ci et la faire jouer ensuite dans les deux sens.

Nettoyage sommaire après les exercices.

48. Après les exercices, le canonnier doit essuyer soigneusement avec un linge sec, puis graisser les parties extérieures, ainsi que la cage du barillet, qu'il enlève à cet effet.

Si l'arme a été mouillée, il doit essuyer également et graisser le canon et les chambres du barillet.

Nettoyage après le tir.

49. Après le tir, le canon et le barillet doivent toujours être lavés à l'eau. A cet effet, exécuter ce qui est prescrit pour le nettoyage mensuel de ces parties de l'arme, mais en se servant d'abord d'un chiffon mouillé, de façon à enlever par lavage les résidus de la poudre. Tant que le chiffon sort sale du canon et des chambres, le rincer dans l'eau et recommencer l'opération. Remplacer le chiffon de lavage par un chiffon propre pour l'essuyage, et terminer comme il est dit au nettoyage complet.

Quand on exécute le lavage de l'âme du canon, mettre le chien au cran de sûreté, tenir la bouche de l'arme dirigée vers le sol et éviter d'introduire de l'eau dans le porte-baguette.

50. Les revolvers remontés sont suspendus au râtelier par l'anneau de calotte, la bouche du canon en bas, le chien à l'abattu. Ils ne doivent jamais contenir de cartouches. Il en est de même dans toutes les circonstances du service, en dehors du maniement d'armes et du tir.

La bouche du canon ne doit jamais être obturée.

§ 3. — INSPECTION DES ARMES.

51. Toutes les fois que la troupe prend les armes, les sous-officiers doivent s'assurer que les revolvers sont en bon état; avant chaque tir, ils doivent vérifier que les armes ne contiennent ni cartouches, ni corps étrangers, et que le mécanisme de la platine fonctionne régulièrement.

A cet effet, chaque homme démonte le barillet et présente à l'instructeur le revolver placé horizontalement dans la main gauche, et le barillet dans la main droite. Le barillet est ensuite remonté et, dans un second passage, l'instructeur fait jouer le revolver plusieurs fois de suite, au tir intermittent et au tir continu.

Dans le cas seulement où le fonctionnement n'est pas régulier et facile, mettre la platine à découvert et la faire jouer pour reconnaître les causes qui entravent sa marche. Mais, en général, il faut éviter de manœuvrer la platine sans que la plaque de recouvrement soit en place.

Les opérations que le canonnier peut faire pour rendre à l'arme son jeu régulier sont exécutées immédiatement par lui; dans le cas contraire, l'arme est portée chez le chef armurier.

ARTICLE IV.

REVOLVER MODÈLE 1892.

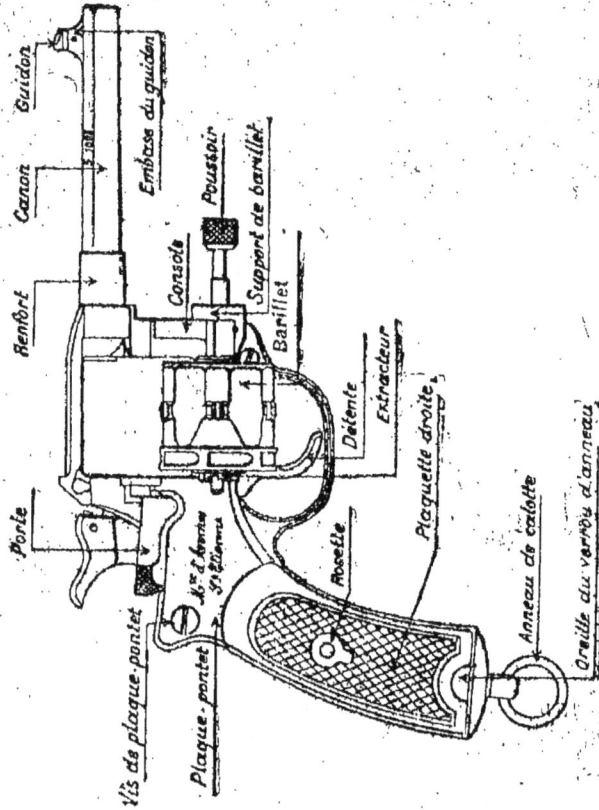

Fig. 18. Revolver M^le 1892.

(Vue du côté droit, le barillet rabattu.)

Renseignements.

52.

1° **Revolver :**

Calibre de l'arme		8ᵐᵐ
Poids de l'arme { non chargée		0ᵏᵍ,840
{ chargée de 6 cartouches		0ᵏᵍ,915

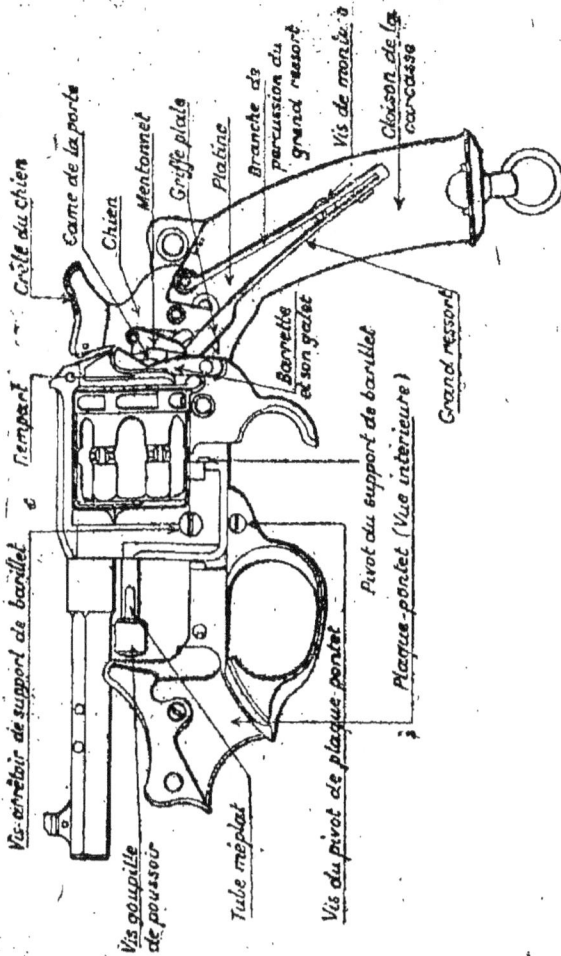

Fig. 19. Revolver M^{le} 1892.
(Vue du côté gauche, la platine à découvert.)

Cartouche de guerre   Cartouche à blanc

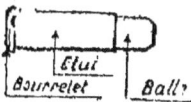

Fig. 20. Cartouches pour revolver M^{le} 1892.

2° Cartouches :

Le revolver modèle 1892 tire deux sortes de cartouches
(voir figure 20).

Dans la cartouche à balle, la balle est formée d'un noyau de plomb durci et d'une enveloppe de cuivre.

Poids de la balle.................................... 8gr.
Poids de la poudre (poudre noire spéciale)........... 0gr.75
Poids de la cartouche de guerre...................... 12gr.

§ 1. — DÉMONTAGE ET REMONTAGE.

53. Le démontage (1) s'opère dans l'ordre suivant :

1° *Plaquette gauche* (mise à découvert de la platine); 2° *Platine*; 3° *Support de barillet*; 4° *Extracteur* (démontage complet du barillet); 5° *Plaquette droite et anneau de calotte*; 6° *Plaque-pontet*. — *Vis de plaque-pontet.*

Mise à découvert de la platine.

54. Démontage. — Dévisser la vis de plaque-pontet jusqu'à ce que la plaque soit complètement dégagée; rabattre la plaque-pontet vers le bout du canon; enlever la plaquette gauche.

Remontage. — Engager la plaquette sous l'oreille du verrou d'anneau; l'appliquer contre la cloison, rabattre la plaque-pontet vers la poignée, et la maintenir appuyée contre la vis de plaque pendant qu'on visse celle-ci.

Platine.

55. Démontage. — La platine étant à découvert, *ouvrir la porte*; disposer la plaque-pontet à peu près perpendiculairement à la face gauche de l'arme, pour dégager la console; faire reposer le revolver à plat dans la main gauche, la platine en dessus, le pouce par-dessus la console, les deux premiers doigts sous le barillet, les deux derniers doigts contre l'arrière de la détente. Enlever ensuite les pièces de la platine dans l'ordre des numéros qu'elles portent; saisir le grand ressort un peu en avant du tenon, entre le pouce et les deux premiers doigts de la main droite; le

---

(1) Les vis sont démontées et remontées uniquement avec le tournevis pour revolver modèle 1892 ou le tournevis mixte modèle 1893. Le biseau large sert pour la vis de plaque-pontet, le petit biseau pour les autres vis, à l'exception de la vis-poussoir qui ne doit être démontée que par l'armurier.
Pour se servir d'un de ces tournevis, ouvrir la curette en appuyant sur l'ergot, mettre la petite lame en croix sur la grande et ramener la curette dans son logement.

pousser à droite en le soulevant légèrement, pour dégager le tenon de son encastrement; laisser le ressort se détendre librement et l'enlever. Chasser en arrière la crête du chien, enlever le chien. Pousser la détente en avant, dégager la barrette de son logement, la séparer de la détente; enlever la détente. (On peut retirer à la fois ces deux pièces en agissant sur la queue de la détente.)

Remontage. — *La porte étant ouverte*, engager la détente sur son axe et replacer la barrette sur la détente, ou remettre les deux pièces en place à la fois, après avoir d'abord assemblé la barrette sur la détente. Engager le bec de barrette dans son passage en arrière du rempart, et ramener la queue de la détente le plus possible vers l'arrière; remettre le chien en place en pressant un peu, s'il y a lieu, sur le mentonnet, pour éviter la came de porte. Placer ensuite le revolver dans la main gauche, comme il est dit pour le démontage du grand ressort, en ayant soin de ramener vers l'avant le plus possible, avec les doigts qui les maintiennent, la détente et le chien. Saisir le grand ressort par-dessus et en avant du tenon avec la main droite, engager la griffe plate dans son logement, en l'appuyant contre le galet de barrette; comprimer la branche de percussion avec les deux premiers doigts, de manière à amener son galet au contact du chien dans l'évidement d'appui; en même temps pousser le ressort à droite jusqu'à ce que le tenon rentre dans son encastrement. Fermer la porte.

On observera que, lorsque la porte est ouverte, le barillet restant dans sa cage, la détente fait tourner le barillet sans actionner le chien.

Support de barillet.

56. Démontage. — *La porte étant ouverte*, dévisser la vis-arrêtoir de support de barillet; retirer cette vis; rabattre un peu le barillet, en plaçant le bras du support en demi à droite par rapport à la console. Pousser le barillet vers l'avant de deux millimètres environ jusqu'à ce qu'on sente un arrêt; à ce moment, mettre le bras du support en croix sur la console. Saisir à pleine main le barillet et son support pour les maintenir réunis, et achever de faire sortir le pivot de support de barillet. Enlever le ressort de support.

Remontage. — La vis-arrêtoir de support de barillet étant enlevée et la *porte ouverte*, prendre de la main droite le barillet réuni à son support, l'axe complètement enfoncé

dans son canal. Engager le bout du pivot de support dans
son logement, le méplat contre la partie externe de la grande
branche du ressort; faire glisser le barillet en arrière le
long de son axe jusqu'à l'arrêt du mouvement (1); à ce
moment, faire tourner l'ensemble du barillet et de son support en engageant le barillet dans sa cage, jusqu'à ce que
le bras du support se trouve en demi à droite par rapport
à la console. Le ressort étant ainsi bandé, enfoncer complètement le pivot de support de barillet, en appuyant sur
le bras du support et en maintenant le barillet de la main
gauche.

Si l'on éprouve quelque résistance, faire varier un peu
l'angle du bras du support de la console, jusqu'à ce qu'on
sente le pivot céder à la pression.

Rabattre complètement le barillet dans sa cage et remettre
en place la vis-arrêtoir.

Barillet et extracteur.

57. Démontage. — Dévisser et retirer la vis-goupille de
poussoir; dévisser le poussoir, retirer le support de barillet,
puis le tube relié au ressort d'extracteur, faire sortir par
l'arrière du barillet l'extracteur goupillé sur sa tige.

Remontage. — Exécuter en ordre inverse les opérations
du démontage; avoir soin d'appliquer les méplats du tube
contre ceux de la tige, et d'arrêter le poussoir, quand on
le revisse, de façon que les trois trous de la vis-goupille se
correspondent.

Plaque-pontet et sa vis.

58. Dévisser la vis-goupille du pivot et dégager la plaque-
pontet. Dévisser la vis-arrêtoir de plaque-pontet et retirer
cette dernière vis.

Plaquette droite et anneau de calotte.

59. Démontage. — Le grand ressort étant enlevé, dévisser
la vis de monture, enlever la rosette et la plaquette. Pour
retirer la rosette de son encastrement, utiliser au besoin
la vis de monture, que l'on visse par l'extérieur.

L'homme présente le revolver placé horizontalement dans
la main gauche.

---

(1) Dans les revolvers de première fabrication qui ont le méplat postérieur plus long, faire glisser le barillet en arrière, le long de son axe,
jusqu'à la butée de barillet et éviter soigneusement de laisser cette
butée s'engager dans une entaille du renfort.

Faire glisser le verrou d'anneau de gauche à droite, en frappant, s'il est nécessaire, à petits coups, sur l'oreille gauche avec un manche, jusqu'à ce que l'épaulement du pivot corresponde au trou rond. Enlever l'anneau et achever de retirer le verrou par la droite.

Remontage. — Quand on remonte la plaquette, la maintenir contre la cloison de carcasse pendant le vissage des premiers filets dans la rosette.

60. La mise à découvert de la platine, jointe au rabattement du barillet sur le côté, est ordinairement suffisante pour l'entretien courant de l'arme, et même pour le nettoyage après le tir.

Les autres pièces ne sont démontées que sur l'ordre des officiers, ou dans l'atelier du chef armurier.

En particulier, le démontage complet du barillet, le démontage de la plaque-pontet et de sa vis, doivent être aussi rares que possible.

La plaquette droite et l'anneau de calotte sont démontées pour les visites semestrielles passées par le chef armurier.

§ 2. — ENTRETIEN.

61. Le revolver modèle 1892 doit être nettoyé, entretenu et suspendu au râtelier, d'après les mêmes principes que le revolver modèle 1873; on remarquera toutefois que le mouvement de rabattement du barillet hors de sa cage donne de grandes facilités pour son entretien.

Ainsi, après le tir, on pourra laver et nettoyer l'âme du canon et les chambres du barillet, nettoyer et graisser l'extracteur, sans faire aucun démontage. Il n'y aura lieu de démonter le barillet que s'il a été fortement encrassé et si son mouvement de rabattement ne s'exécute pas avec facilité.

De même, il n'y aura pas lieu, en général, de démonter la platine, soit après le tir, soit après les exercices. Il suffira de nettoyer les pièces en place, et de mettre une goutte d'huile aux galets de barrette et de grand ressort, pour assurer le bon fonctionnement du mécanisme.

§ 3. — INSPECTION DES ARMES.

62. Procéder comme pour le revolver modèle 1873, sauf que la préparation à l'inspection du canon et du barillet se fait en exécutant la première opération du chargement : ouvrir la porte et rabattre le barillet à droite hors de sa cage.

ARTICLE V.

SABRE.

Calotte

Poignée

Cravate

Garde

Bracelet et
son anneau

Lame

Pan creux

Fourreau

Tranchant

Pointe

Dard

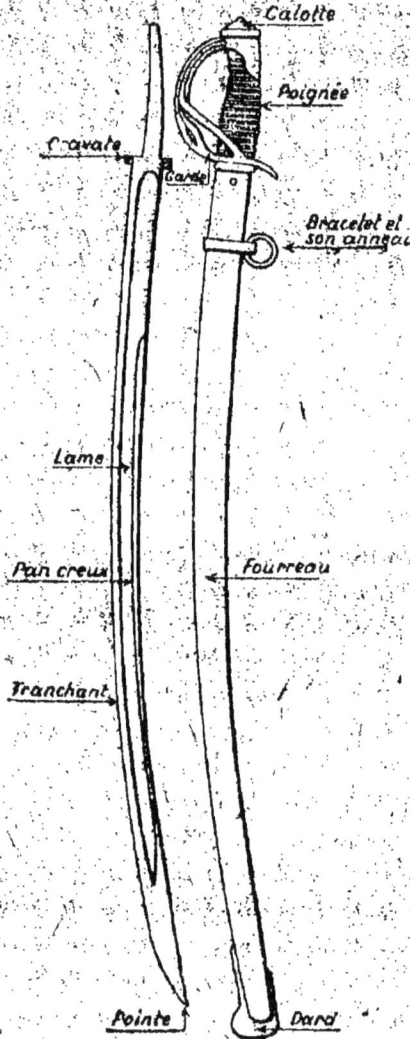

Fig. 21. Sabre de cavalerie légère.

Entretien.

63. Les pièces en acier et cuivre sont nettoyées comme
il a été dit à l'article I.

La cravate en buffle ne doit jamais être blanchie.

La basane qui recouvre la poignée du sabre doit être
simplement essuyée avec un linge.

ANNEXE II.

INSTRUCTION DU TIREUR.

1. L'instruction technique du tireur a pour objet de donner aux canonniers les principes élémentaires de l'emploi du mousqueton et du revolver et la pratique du tir.

ARTICLE I.

EXERCICES PRÉPARATOIRES.

(Mousqueton et revolver.)

Prendre la ligne de mire et viser un point marqué.

2. La ligne de mire de l'arme (mousqueton ou revolver) est déterminée par le milieu du cran de mire et le guidon, qui doivent se présenter l'un par rapport à l'autre dans les positions respectives indiquées par les figures ci-dessous.

Mousqueton.   *Revolver mod. 1892.*   *Revolver mod. 1873.*

Viser un point, c'est diriger la ligne de mire sur ce point au moyen de l'œil droit, en fermant l'œil gauche.

L'instructeur place l'arme sur un chevalet de pointage et la pointe lui-même sur un but bien net et bien visible, l'arme ne penchant ni à droite, ni à gauche.

Il fait prendre la ligne de mire au canonnier et lui fait constater comment l'arme est pointée.

Il dérange ensuite l'arme et prescrit au canonnier de viser lui-même le but. Il vérifie le pointage, et le fait rectifier, jusqu'à ce que le canonnier l'ait bien exécuté.

Le canonnier n'est exercé à mettre en joue en tenant lui-même son arme (n°° 63 et 75, feux) que lorsqu'il est arrivé à viser correctement sur le chevalet de pointage.

Miroir de pointage.

3. L'emploi du miroir de pointage permet de proscrire d'une façon absolue le procédé qui consiste, au cours des exercices préparatoires de tir, à viser dans l'œil de l'instructeur pour permettre à celui-ci de reconnaître si le canonnier pointe correctement.

4. Pour disposer le miroir de pointage sur le mousqueton, on fait glisser de l'avant vers l'arrière les deux branches du ressort à fourche (voir figure 1) le long des faces latérales du pied de hausse, jusqu'à ce que le coude du ressort vienne buter contre l'arrière du pied.

Miroir monté sur le mousqueton.

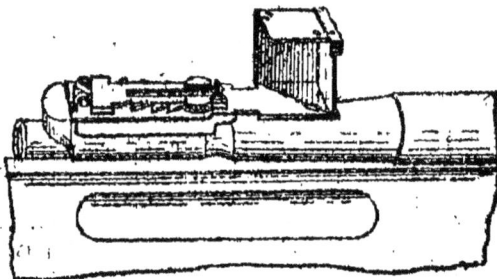

Miroir vu en perspective.

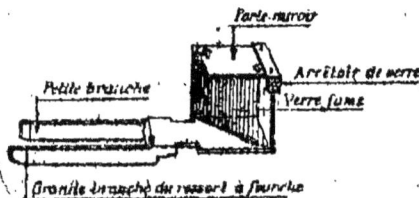

Fig. 22. *Miroir de pointage pour mousqueton M⁰ 1892.*

5. Le contrôle du pointage, dans les exercices préparatoires, se fait, avec cet appareil, de la façon suivante :

Le canonnier prend la position prescrite pour pointer et diriger la ligne de mire sur le but; l'instructeur placé sur le flanc gauche du pointeur, face au mousqueton, cherche dans le miroir les images réfléchies du cran de mire, du guidon, et du but, suit des yeux les mouvements imprimés à la ligne de mire par le canonnier, et constate si ce dernier la dirige correctement sur le but et l'y maintient au moment du départ du coup.

Il y a lieu de remarquer que la position relative des objets vus dans le miroir est inversée dans le sens latéral, c'est-à-dire que, si le canonnier pointe bas et à gauche, l'instructeur apercevra bas et à droite le point où aboutit la ligne de mire.

ARTICLE II.

EXERCICES DE TIR.

I. Mousqueton.

TIR RÉDUIT.

6. Le tir réduit est une première constatation effectuée de l'instruction du tireur et une préparation au tir à la cible.

Il comprend les tirs de groupement et les tirs au but.

Les tirs de groupement ont pour but de réunir, dans un espace aussi resserré que possible, les empreintes obtenues par un même tireur en visant un même point.

Les tirs au but ont pour objet de porter le groupement sur un point déterminé.

7. Le tir réduit est exécuté au moyen du mousqueton modèle 1892, conformément aux prescriptions suivantes :

La charge et le tir de l'arme avec la cartouche de tir réduit s'exécutent comme avec la cartouche réglementaire; toutefois, la cartouche de tir réduit ne permet pas le tir avec chargeur. Chaque soldat doit, en principe, tirer avec l'arme dont il est détenteur.

Si, pendant le tir, une balle reste dans le canon, on l'enlève avec la baguette, et avant de reprendre le tir, on passe dans l'âme un chiffon gras. Après le tir, on nettoie les armes en se conformant aux prescriptions réglementaires.

Avant et après le tir, l'inspection des armes est passée conformément aux prescriptions de l'article 39 de l'annexe n° 1.

8. Il est alloué annuellement :

36 cartouches de tir réduit à chaque homme de l'armée active, armé du mousqueton modèle 1892;

12 cartouches de tir réduit à chaque homme de la réserve de l'armée active ou de l'armée territoriale, ayant ce même armement et convoqué pour une période d'instruction.

9. Les tirs sont exécutés, avec la hausse de 200 mètres à la distance de 15 mètres, sur des visuels carrés de 18 centimètres de côté, présentant deux cercles concentriques de 5 et de 10 centimètres de diamètre. Ces visuels sont collés sur des cibles de 2 mètres servant aux tirs préparatoires. Les cibles sont disposées conformément aux prescriptions de l'instruction sur l'organisation du tir réduit pour armes de 8 millimètres du 18 février 1902 (1).

Chaque tir est exécuté avec 6 cartouches.

Le nombre et la nature des tirs sont réglés par les capitaines commandants d'après le degré d'instruction de chaque homme. Les tirs au but ne sont exécutés que par les hommes ayant obtenu un groupement bon (6 balles contenues dans un cercle de 10 centimètres de diamètre).

Les résultats des tirs au but sont considérés comme bons lorsque le tireur amène son groupement de 6 balles dans le grand cercle du visuel, et comme très bons lorsqu'il l'amène dans le petit cercle.

TIR A LA CIBLE.

10. Le tir à la cible permet de confirmer les tireurs dans les principes déjà acquis au tir réduit, en augmentant la distance à laquelle s'effectue le tir.

11. Le nombre des cartouches allouées à chaque homme pour le tir à la cible est fixé chaque année par le Ministre de la guerre.

Les tirs à la cible comprennent des tirs à la distance de 100 mètres (tirs préparatoires) et des tirs à la distance de 200 mètres (tirs d'application) (2).

Le nombre de cartouches à consommer dans une séance ne doit jamais dépasser 12 cartouches par homme. Le chargement comporte toujours l'emploi du chargeur (3).

12. Les tirs préparatoires sont exécutés dans la position à genou sur des cibles de 2 mètres de côté à cadre en bois sur lesquelles on trace deux axes, l'un horizontal, l'autre vertical, de 5 centimètres de largeur et se coupant au centre de la cible; on figure ensuite autour de ce point un cercle ayant 50 centimètres de diamètre.

Ces tirs sont exécutés par série de trois cartouches et sont poursuivis jusqu'à ce que le tireur place ses trois balles dans le cercle.

---

(1) Edition mise à jour au 15 avril 1910.
(2) Ces différents tirs sont exécutés avec la ligne de mire de 200 mètres. Toutefois lorsqu'on exécute le tir au mousqueton avec la cartouche M^le 1886 M (au lieu de la cartouche M^le 1886 D), il y a lieu d'employer la hausse de 400 mètres pour les tirs à la distance de 200 mètres.
(3) Si on ne dispose que de cartouches libres en paquets, on emploiera les chargeurs d'instruction.

13. Les tirs d'application ne sont effectués que par les hommes ayant satisfait aux tirs préparatoires. Ils sont exécutés dans les deux positions sur des silhouettes représentant un cavalier et pointés en noir sur les cibles (voir planche 80 de l'instruction du 8 février 1903 sur le matériel et les champs de tir de l'infanterie). Le nombre de cartouches de chacun de ces tirs est fixé par le capitaine commandant.

14. Le tir à la cible est individuel; il s'exécute par batterie, sous la direction des capitaines commandants.

Une demi-heure avant la séance, la retraite est sonnée sur le terrain, un pavillon rouge est hissé au sommet de la butte, les cibles sont mises en place.

Deux marqueurs sont affectés à chaque cible, savoir : un porte-fanion et un tamponneur. Un sous-officier est chargé de la surveillance des marqueurs dans la tranchée. Tous les hommes qui sont dans la tranchée sont munis d'une paire de lunettes de cantonnier.

Avant de faire commencer le feu, le capitaine fait sonner la *retraite*; à ce signal, les marqueurs rentrent dans la tranchée, les porte-fanions lèvent leurs fanions pour montrer qu'ils se tiennent prêts.

Quand tous les fanions sont en vue, le capitaine fait sonner un *demi-appel*, puis *exécution;* les fanions sont immédiatement abaissés.

La batterie est fractionnée suivant son effectif et le nombre des cibles qui lui sont affectées. Un gradé est préposé à la surveillance de chaque fraction. La fraction qui doit tirer demeure l'arme au pied, en arrière de l'emplacement réservé au tireur. Les fractions qui attendent leur tour sont maintenues plus en arrière et forment les faisceaux.

A l'avertissement du chef de fraction, le canonnier désigné se dirige vers l'emplacement réservé au tireur, charge son arme, et tire de suite ses balles dans la position prescrite, en s'attachant à constater le résultat de son tir après chacun de ses coups; il se retire après avoir ouvert la culasse et s'être assuré qu'il ne reste pas de cartouches dans la chambre; puis il va s'établir, l'arme au pied, en arrière de la fraction à laquelle il appartient.

Le sous-officier chef de fraction est placé près du tireur pour rectifier avec calme les irrégularités de sa position, pour prévenir toute maladresse de sa part, et inscrire le résultat de son tir.

Dès qu'une balle arrive dans la cible, le fanion se lève. Le porte-fanion l'agite de droite à gauche et de gauche à droite, lorsque la balle a frappé dans le cercle intérieur ou dans la silhouette. Si la balle a frappé la cible en dehors de la surface à atteindre, le fanion est élevé, mais maintenu immobile.

Les trous de balles sont bouchés immédiatement et indiqués à l'aide du tampon; tant que dure cette opération, le signal fait par le fanion doit continuer. Le tampon ne doit donc jamais être sorti de la tranchée sans être accompagné du fanion.

Les marqueurs reconnaissent les balles mises par ricochet à la forme irrégulière et allongée des empreintes qu'elles produisent dans la cible, et ne les signalent pas. Ces empreintes ne sont bouchées qu'à la fin de la séance de tir.

Les cartouches qui ont donné lieu à des ratés, même après plusieurs percussions, sont remplacées.

Si, pendant la durée du tir, un accident ou toute autre cause oblige les marqueurs à demander la suspension du feu, le chef des marqueurs fait lever les fanions. A ce signal, le capitaine fait sonner :

CESSEZ LE FEU (1);

le feu cesse et les armes sont déchargées. Le capitaine fait sonner ensuite un second demi-appel; à cette sonnerie seulement, les marqueurs peuvent sortir de la tranchée.

Les fanions rouges ne sont abaissés que lorsque l'incident qui arrêtait le tir a pris fin, ou que le capitaine a fait sonner successivement : la *retraite*, puis : un *demi-appel et exécution*.

Afin d'éviter toute confusion pouvant amener des accidents, les sonneries dont il vient d'être parlé sont seules permises pendant le tir. On s'abstiendra également de toute sonnerie aux abords du champ de tir, soit à l'arrivée, soit au départ.

15. Avant et après le tir, l'inspection des armes est passée conformément aux prescriptions de l'annexe I.

Les tirs avec le mousqueton sont exécutés par les gradés, les élèves brigadiers et les hommes armés du mousqueton.

II. Revolver.

TIR A BLANC.

16. Les tirs réels sont toujours précédés de tirs à blanc. Ceux-ci ont pour but de familiariser le canonnier avec son arme et de lui apprendre à éviter les mouvements nerveux (coups de doigt) qui dérangent le pointage et peuvent même produire des départs involontaires susceptibles de causer de graves accidents. Il sera bon de faire exécuter les tirs à

(1) Un demi-appel.

blant avec le barillet incomplètement garni pour mieux habituer le canonnier à la surprise du départ du coup.

TIR A LA CIBLE.

17. Le nombre des cartouches allouées pour le tir à la cible est fixé chaque année par le Ministre de la guerre.

Les tirs sont exécutés à 10 mètres. On ne doit jamais tirer plus de 12 balles dans la même séance.

On fait d'abord exécuter le tir coup par coup, le barillet étant incomplètement garni; on exécute ensuite le tir continu en le limitant au besoin à des séries de trois coups pour éviter une trop grande consommation de cartouches.

On emploie des cibles de 2 mètres de côté, au centre desquelles on trace un cercle noir plein de 5 centimètres de diamètre, et deux circonférences ayant respectivement 25 et 40 centimètres de diamètre.

18. Les observations relatives à la pratique du tir avec le mousqueton sont d'une manière générale applicables au tir avec le revolver.

Le tireur de chaque fraction se porte à l'emplacement réservé pour le tir et prend la position de haut le revolver. Lorsque tous les tireurs sont en place, l'officier qui dirige le tir commande :

COMMENCEZ LE FEU.

A ce commandement, chaque tireur charge, puis exécute son tir conformément à ce qui est prescrit par le règlement (titre II, n° 75). Quand il croit avoir tiré toutes ses cartouches, il fait un tir continu de six coups en continuant à viser la cible et en comptant à haute voix : 1, 2, 3, 4, 5, 6, et prend la position de *haut le revolver*. Puis, en conservant l'arme dans cette position, il se rend à l'emplacement qui a été désigné pour décharger les armes, et décharge son revolver sous la surveillance d'un gradé.

Dès que tous les tireurs d'une même série ont terminé leur tir, l'officier qui dirige le tir commande :

CESSEZ LE FEU.

les marqueurs se portent aux cibles, constatent et annoncent à haute voix les résultats obtenus, bouchent rapidement les trous, et reviennent en arrière des fractions qui doivent tirer.

On recommence la même opération pour chaque série de tireurs.

19. Avant et après le tir, l'inspection des armes est passée conformément aux prescriptions des n°° 51 et 62 de l'annexe I.

Les tirs avec le revolver sont exécutés par les gradés et les hommes armés du revolver.

Paris et Limoges. — Imprimerie militaire CHARLES-LAVAUZELLE.

www.ingramcontent.com/pod-product-compliance
Lightning Source LLC
Chambersburg PA
CBHW052211270326
41931CB00011B/2301